...nant SELIM bey

DU Ier LANCIERS

CARNET DE CAMPAGNE

d'un

Officier Turc

(Octobre-Décembre 1912)

De Sul-Oglou à Tchataldja

BERGER-LEVRAULT, ÉDITEURS

PARIS	NANCY
Rue des Beaux-Arts, 5-7	Rue des Glacis, 18

1913

Prix : 2 francs

CARNET DE CAMPAGNE

D'UN

OFFICIER TURC

Lieutenant **SELIM** bey

DU 1er LANCIERS

CARNET DE CAMPAGNE

d'un

Officier Turc

(Octobre-Décembre 1912)

De Sul-Oglou à Tchataldja

AVEC TROIS CARTES

BERGER-LEVRAULT, ÉDITEURS

PARIS | NANCY
Rue des Beaux-Arts, 5-7 | Rue des Glacis, 18

1913

AVANT-PROPOS

Mon but n'est pas d'écrire une relation complète de la guerre turco-balkanique, mais d'exposer seulement les faits dont je fus témoin.

Lieutenant au 1er régiment de lanciers, qui faisait partie de la division de cavalerie indépendante, j'étais à la frontière avant l'ouverture des hostilités, et j'ai vu tirer les premiers coups de feu. Mon régiment a pris part ensuite à toutes les opérations en Thrace ; il a assisté notamment à la bataille de Lulé-Bourgas, où la division de cavalerie a joué un rôle très important.

C'est à ce titre que je me permets de présenter au lecteur les notes que j'ai prises chaque jour et que j'ai complétées pendant les loisirs de l'armistice. Mon récit contribuera peut-être à éclairer l'opinion sur les événements qui se sont passés à la gauche de notre armée et dont j'ai été un des plus modestes acteurs.

SÉLIM.

CARNET DE CAMPAGNE

D'UN

OFFICIER TURC

CHAPITRE I

DÉPART POUR LA FRONTIÈRE

Au mois de septembre 1912, chacun savait en Turquie qu'une guerre avec la Bulgarie était absolument inévitable, mais nous n'aurions jamais cru qu'elle éclatât si tôt. A la fin du mois, le ministre de la Guerre avait licencié la classe ; de ce fait, tous nos corps d'armée se trouvaient diminués du tiers de leur effectif normal.

Trois jours après, le 30 au soir, les agences télégraphiques annonçaient la mobilisation à Belgrade et à Sofia. Cependant, cette nouvelle ne créa pas une forte émotion à Constantinople ; on était habitué aux menaces bulgares et on crut que cette fois-ci encore il s'agissait d'un bluff. Je partageais l'opinion générale. J'avais présenté quelque temps auparavant une demande de congé pour faire mon apprentissage d'officier aviateur en France et le 1er octobre, dans l'après-midi, je me rendis à l'État-major général pour m'informer du résultat de ma démarche.

— Il s'agit bien de stage à l'étranger en ce moment, me dit le commandant d'état-major auquel je m'adressai, et il ajouta tout bas en me montrant une feuille : Mobilisation !

Officieusement en possession de cette nouvelle, je cours au quartier de mon régiment, à Yildiz. Je trouve mon capitaine aux écuries et le mets au courant de ce que j'avais appris.

— C'est sérieux ? me dit-il.

— Absolument, mon capitaine.

— Nous n'avons reçu encore aucun ordre, mais je vois d'après ce que vous dites qu'il y a de l'orage dans l'air..... Brigadier d'écurie, appelez-moi le chef.

Le maréchal des logis chef arrive au pas gymnastique.

— Combien de chevaux malades ? lui dit le capitaine.

— Un seul, mon capitaine.

— C'est heureux. Eh bien, il faut qu'il soit guéri demain matin. Maintenant, faites appeler le maréchal ferrant et immédiatement à l'œuvre; dans douze heures, je passerai l'inspection; tous les fers usés doivent être renouvelés; allons, au galop! Toi, Sélim, rentre chez toi, fais tes préparatifs; aussitôt que j'aurai une nouvelle, je te ferai prévenir par ton ordonnance.

A minuit, mon ordonnance arrive avec un pli du capitaine, me disant d'aller le retrouver au plus vite.

Je retourne au quartier. L'ordre de mobilisation a été communiqué. Le capitaine est très occupé avec son maréchal des logis chef; nous, les lieutenants, nous n'avons pas grand'chose à faire; nous inspectons les armes et l'équipement.

Le 1er lanciers, dans les rangs duquel j'allais avoir l'honneur de faire la campagne, était le régiment de cavalerie modèle de la 1re inspection d'armée. On sait que dans les quatre inspections, un régiment modèle de chaque arme a été formé. Cette mesure fut prise par le réorganisateur de l'armée ottomane, le maréchal von der Goltz pacha; elle reçut un commencement d'application dès le règne d'Abdul Hamid, mais ne fut complètement mise à exécution qu'au retour du maréchal, après la proclamation de la constitution, en 1908. Le commandement du corps avait été confié à un instructeur allemand, le colonel Veit, du 14e dragons prussiens, en garnison à Lyck (Prusse Orientale). Le contrat attachant cet officier à l'armée ottomane expirait précisément au mois de septembre 1912 ; le nouveau colonel, Hassan bey, venait d'être nommé et ne devait rejoindre que le 3 octobre. C'étaient là de bien mauvaises conditions pour partir en campagne ; seul un chef de haute capacité et de caractère ferme aurait pu réussir à bien prendre en main son régiment, qu'il allait conduire au combat sans le connaître. Les événements montrèrent que malheureusement Hassan bey n'était pas cet homme-là.

Les officiers du 1er lanciers pouvaient à bon droit se considérer comme une élite ; ils avaient été choisis avec soin pour servir d'exemple à leurs nombreux camarades des autres régiments qui venaient périodiquement accomplir des stages à leurs côtés.

Les cavaliers, recrutés sur l'ensemble du territoire de l'Empire, comptaient dans leurs rangs un certain nombre de chrétiens — bulgares, grecs et arméniens — parmi lesquels plusieurs gradés ; tous restèrent fidèles à leur devoir militaire et se montrèrent très dévoués à leurs chefs en toute occasion. Cette conduite contrastait vivement avec celle des soldats chrétiens de presque toutes les unités d'infanterie, qui désertèrent en masse pour passer à l'ennemi.

La remonte du régiment avait été désorganisée pendant la guerre contre l'Italie. Après le bombardement des défenses des Dardanelles, au mois d'avril, les autorités militaires, envisageant la possibilité d'un débarquement sur la côte d'Asie, constituèrent à la hâte un corps d'armée mixte à Smyrne, sous les ordres d'Abdoullah pacha, le futur commandant en chef de l'armée de Thrace. Le 5e régiment de cavalerie, qui entrait dans la composition de cette unité, ne disposant pas d'un effectif suffisant en chevaux, emprunta des montures à plusieurs autres corps, dont le 1er lanciers, qui lui fournit 75 chevaux environ, soit 15 par escadron.

Au moment de la mobilisation, le régiment souffrait donc d'un grave déficit en chevaux. La première mesure du colonel fut d'égaliser les disponibilités entre les quatre escadrons destinés à faire campagne, les 1er, 2e, 4e et 5e, le 3e étant supprimé. Cette opération porta à 60 le nombre des animaux dans chaque escadron ; le

5ᵉ était composé exclusivement de chevaux indigènes d'Asie, les trois autres de chevaux hongrois.

Dans l'après-midi du 3 octobre, le régiment reçut l'ordre de s'embarquer le lendemain 4, à 8ʰ15, à la gare de Stamboul. D'après l'ordre de bataille, nous faisions partie de la 1ʳᵉ division de cavalerie, improvisée par l'État-major et dont le commandement était donné au général de brigade Salih pacha, aide de camp de S. M. I. le Sultan. J'indiquerai dans la suite la composition de cette division qui devait assurer la couverture de notre concentration.

Le 4 octobre, à 10 heures du matin, nous n'avions pas encore quitté le quartier. Les capitaines couraient à droite et à gauche pour compléter le matériel de leurs escadrons, l'un réclamant des voitures qui n'arrivaient pas, l'autre demandant des fers de rechange qui n'existaient pas ; en un mot, c'était un affolement général, qui ne ressemblait en rien à une mobilisation prévue et préparée d'avance, et nous étions le régiment d'élite de l'armée turque. Enfin, nous quittâmes le quartier à 11 heures. Un clair soleil d'automne faisait miroiter les eaux de la Corne d'or et dorait les coupoles des mosquées. Nous eûmes le plus grand mal à traverser Galata, le grand pont et Stamboul, tant les rues étaient encombrées. La foule manifestait en cortèges, au son de la grosse caisse, avec drapeaux en tête, en faveur de la guerre. Je fus étonné de voir le peuple turc, si calme en général, si étranger aux affaires du pays, se prononcer à cette occasion avec autant d'enthousiasme et d'unanimité. Dans la suite, m'a-t-on dit, les manifestations prirent des proportions inouïes. On alla jusqu'à briser les vitres de la Sublime Porte aux cris de *Harbe isterize* (nous voulons la guerre).

Le ministère céda malgré l'avis d'un vieillard de quatre-vingts ans qui connaissait mieux que personne la Turquie et son armée et qui, pour éviter une nouvelle catastrophe à son pays, cherchait à détourner ses collègues de toute aventure, dont le succès n'était pas d'avance assuré. Cet homme était Kiamil pacha, alors grand vézir, dont le coup de force du 23 janvier a fait un proscrit.

Lorsque nous atteignîmes enfin la gare de Stamboul, un autre genre de désordre nous y attendait.

Les troupes turques ne font jamais de ces exercices d'embarquement en chemin de fer, auquel on attache, avec juste raison, tant d'importance dans les armées occidentales. Aucune instruction spéciale ne règle le transport des troupes par les voies ferrées en Turquie.

Pour donner une idée de ce que pouvait être le désordre de notre embarquement, qu'il me suffise de dire que nous avons mis quatorze heures pour installer dans les wagons les 280 malheureux chevaux qui constituaient tout l'effectif de mon régiment. Comparons cette durée à celle accordée pour l'embarquement d'un régiment en France par exemple. Le paragraphe 14 de l'appendice II de l'Instruction spéciale du 20 février 1902 pour le transport des troupes de cavalerie est conçu en ces termes : « En aucune circonstance, il n'est accordé à une troupe de cavalerie plus d'une heure et demie pour s'embarquer, si l'opération doit s'effectuer à quai, et plus de deux heures, si elle doit s'effectuer à l'aide de rampes.

« L'heure de l'arrivée de la troupe — hommes, chevaux et voitures — au point désigné pour l'embarquement est fixée en tenant compte de la durée maxima d'embarquement accordée à cette troupe, ainsi que du temps nécessaire aux manœuvres de gare avant le départ du train. »

Rien n'avait été prévu pour faciliter les embarquements des troupes.

Pourquoi s'obstinait-on à vouloir effectuer tous ces embarquements à Constantinople même, alors que les stations de Makri-Keuy et de San-Stéphano offraient des facilités incontestables? Si l'État-major s'était adressé au ministère des Travaux publics, afin qu'il intervînt auprès de la Compagnie des chemins de fer pour construire des quais de 150 à 200 mètres dans ces stations, notre mobilisation se serait faite dans des conditions tout à fait normales; les trains venant de l'intérieur de l'Asie auraient pu débarquer les troupes à Ismid, pour être amenées ensuite à bord des petits bateaux de la Compagnie du Bosphore aux échelles de Makri-Keuy et de San-Stéphano. Mais cette combinaison aurait dû être arrêtée dès le temps de paix; si on s'était donné la peine d'étudier à fond nos ressources pour rédiger un plan de mobilisation, on se serait immédiatement rendu compte de l'insuffisance de rendement des gares de Stamboul et de Haïdar-Pacha (1). Si cette précaution avait été prise d'avance, nous n'aurions pas vu les régiments de cavalerie en garnison à Daoud-Pacha, à une heure à l'ouest de Constantinople,

____

(1) Haïdar-Pacha est la station terminus du chemin de fer d'Anatolie, près de Scutari, en face de Stamboul.

rebrousser chemin vers l'est et traverser Stamboul pour venir s'embarquer dans la ville même, tandis que la station de Makri-Keuy est à vingt minutes de leur quartier.

Pendant nos préparatifs de départ, le chef d'état-major de la division, le lieutenant-colonel breveté de cavalerie Youssouf bey, était venu à la gare pour mettre le commandant de mon régiment au courant de la situation. D'après l'ordre de l'État-major, nous devions débarquer à Baba-Eski, pour nous diriger par la route sur Sul-Oglou, qui était désigné comme l'emplacement provisoire du quartier général de la division. Nous devions être à Sul-Oglou le 5, et, le 6 au matin, le 1er escadron devait monter plus au nord, à Vaïsal, pour surveiller le secteur de la frontière entre ce village et Devletli-Agache.

Malgré toute notre bonne volonté, nous ne pûmes quitter Constantinople avant 2 heures du matin ; le 5, à 3 heures de l'après-midi, nous arrivions à Baba-Eski ; nous avons donc mis treize heures à parcourir 150 kilomètres. Le wagon contenant les bagages du 1er escadron s'étant égaré en route, cet escadron attendit à Baba-Eski jusqu'au lendemain, et, comme rien n'arrivait, force lui fut de rejoindre le régiment.

Le 2ᵉ escadron partit à sa place pour Vaïsal et le 1ᵉʳ ne put retrouver ses bagages que quinze jours plus tard. C'était un fâcheux début, et pourtant notre convoi était le premier qui partit de Constantinople pour la frontière..... En consultant mon carnet, je trouve ces lignes : « Baba-Eski, 5 octobre 1912. Notre mobilisation s'annonce bien ; si toutes les troupes arrivent à destination avec autant de rapidité et de régularité que nous, nous pourrons être heureux de voir terminer notre concentration dans trois ou quatre ans d'ici..... » Hélas, un mois plus tard nous étions de retour à Tchataldja !

Le 6 octobre au soir, nous arrivions à Sul-Oglou (1). Les cinq autres régiments qui faisaient partie de la division, ainsi que le quartier général, devaient nous rejoindre dans cette localité. Ce petit trou d'une centaine d'âmes, qui a acquis tant de renommée au cours de la guerre, doit son importance à la position centrale qu'il occupe entre Andrinople et Kirk-Kilissé, commandant ainsi les routes qui se dirigent vers le sud de la Thrace en venant de Bulgarie. Une quinzaine de chaumières disséminées sans

---

(1) Sul-Oglou est la localité désignée sous le nom de Séliolou, dans les relations bulgares.

ordre, une vaste cour de ferme à hautes murailles, avec ses remises et ses écuries — propriété de Dilaver bey — voilà Sul-Oglou. Le terrain avoisinant est nu et présente de longues ondulations, ni plaine, ni montagne.

Le 7 octobre, au soir, les 2e, 3e, 4e, 7e régiments de cavalerie, ainsi qu'une partie du 11e, nous rejoignirent ; le 8, dans l'après-midi, Salih pacha s'installait avec son quartier général dans la maison d'habitation de la ferme. Dès lors, la division se trouvait constituée ; quand je parle de division, il faut se garder de confondre celle-ci avec les groupes de cavalerie qu'on désigne généralement sous le nom de divisions indépendantes dans les armées européennes. La nôtre était bien loin de présenter l'effectif et l'organisation que doit normalement posséder cette grosse unité tactique. Nos six régiments réunis ne dépassaient pas 1.200 hommes, très médiocrement montés. Nos sections de mitrailleuses étaient une improvisation : les chevaux n'ayant pas les harnais spéciaux pour les mitrailleuses, ces unités ne pouvaient jamais prendre les allures vives sans risquer de semer leurs armes en route. Dans ces conditions, ces sections non seulement ne pouvaient pas rendre les services qu'on attendait d'elles, mais diminuaient considérablement la vitesse des mouvements de nos colonnes, qui est la raison d'être de la cavalerie. Quant aux deux batteries attachées à la division, leurs chevaux étaient à peine en état de traîner les pièces par le beau temps. Combien de fois avons-nous, failli abandonner nos canons enfoncés dans la boue, dont les pauvres bêtes ne pouvaient plus les faire sortir.

L'ordre de bataille de la division était le suivant :

DIVISION INDÉPENDANTE DE CAVALERIE

Commandant : Général de brigade SALIH PACHA.
Chef d'état-major : Lieutenant-colonel YOUSSOUF BEY.

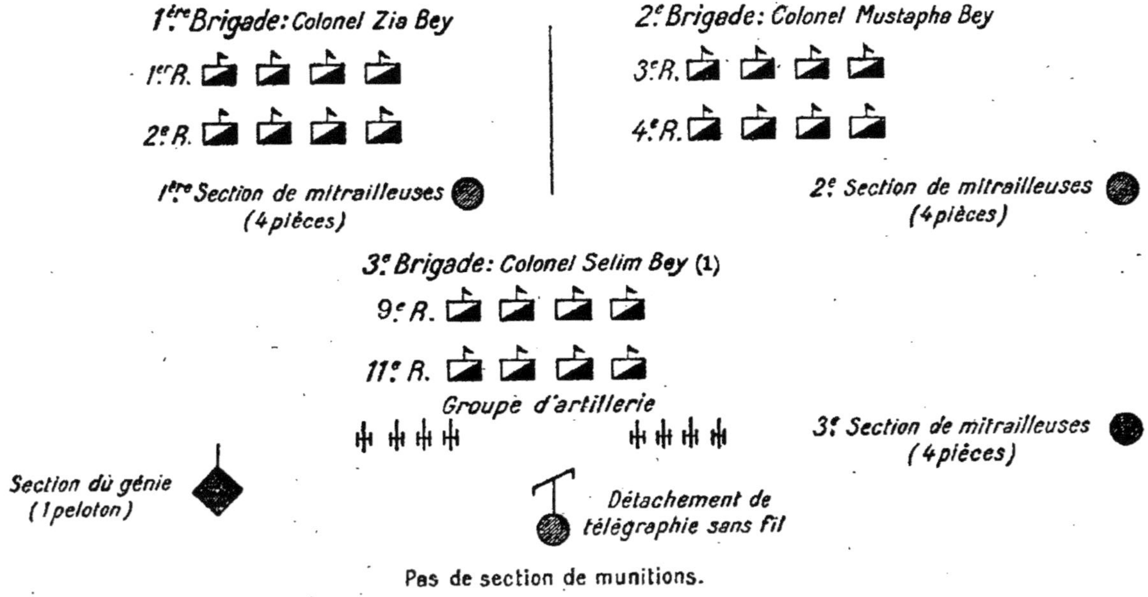

1ère Brigade : Colonel Zia Bey

1er R.

2e R.

1ère Section de mitrailleuses
(4 pièces)

2e Brigade : Colonel Mustapha Bey

3e R.

4e R.

2e Section de mitrailleuses
(4 pièces)

3e Brigade : Colonel Selim Bey (1)

9e R.

11e R.

Groupe d'artillerie

3e Section de mitrailleuses
(4 pièces)

Section du génie
(1 peloton)

Détachement de
télégraphie sans fil

Pas de section de munitions.

(1) L'auteur n'a aucun lien de parenté avec le colonel Selim bey.

Il y avait en outre à l'armée de Thrace (1) une brigade indépendante de cavalerie à deux régiments avec une batterie, constituée à Andrinople et opérant sous les ordres du colonel Ibrahim bey.

En attendant la tournure qu'allaient prendre les événements, notre séjour à Sul-Oglou était des plus agréables. Nous étions là pas mal de jeunes officiers dont quelques-uns sortis de Saint-Cyr, de Saumur, ou venant de faire des stages dans des régiments prussiens; nous tenions le record de la gaieté de toute l'armée ottomane. Nous regardions joyeusement droit devant nous, là-bas, vers le nord, vers la frontière, par où nous comptions faire passer d'un vol triomphal les destinées de la Turquie dans les plis de nos étendards écarlates. Hélas! quel affreux lendemain, quel tragique dénouement nous réservait le destin !

Le 10 octobre, nous apprenions la déclaration de guerre du Monténégro.

Le 15, à 8 heures du soir, une dépêche du général en chef Abdoullah pacha ordonnait à Salih pacha de se porter vers le nord pour

---

(1) L'armée de Thrace portait officiellement le nom d' « armée de l'Est », par opposition avec l' « armée de l'Ouest », comprenant toutes les forces opérant en Macédoine.

prendre contact avec l'ennemi. La guerre était imminente. A 8ʰ15, tous les officiers de liaison étaient réunis dans la grande salle de la ferme, où se trouvaient Salih pacha et ses commandants de brigades, pour copier les ordres concernant leurs régiments respectifs.

Le 16, à 8ʰ30 du matin, la colonne de route de la division se mettait en marche vers Vaïsal, dans l'ordre suivant :

1ᵉʳ lanciers (1); 1ʳᵉ, 2ᵉ, 3ᵉ sections de mitrailleuses; 2ᵉ régiment; groupe d'artillerie (2 batteries); 3ᵉ régiment; 4ᵉ régiment; 7ᵉ régiment; 11ᵉ régiment; trains.

Notre poste de télégraphie sans fil était installé sur les collines au sud de Sul-Oglou, mais, n'ayant jamais pu fonctionner, il n'était pour nous qu'un embarras.

Le 13 octobre, Salih pacha, envisageant l'éventualité de l'ouverture des hostilités dans les vingt-quatre heures, avait dicté un ordre de division dont la teneur approximative était la suivante :

« En cas de guerre, quatre escadrons de reconnaissance doivent se diriger sur les objectifs ci-dessous :

______

(1) La guerre n'étant pas déclarée, nous n'avions pas d'avant-garde : une simple pointe nous précédait.

« 1° L'escadron du 3ᵉ régiment, qui se trouve à Kara-Hamza, explorera le secteur Ahlatli—Yeni-Keuy ;

« 2° L'escadron du 2ᵉ régiment, qui se trouve à Omer-Abbas, explorera le secteur entre Yeni-Keuy—Merdanli ;

« 3° L'escadron du 11ᵉ régiment, qui se trouve à Vaïsal, explorera le secteur Merdanli—Hambarli ;

« 4° Un autre escadron sera désigné ultérieurement par le commandant de la division pour explorer le secteur entre Hambarli et la Toundja.

« L'escadron du 3ᵉ régiment qui doit se porter sur le secteur Ahlatli—Yeni-Keuy se reliera avec l'escadron du 8ᵉ régiment faisant partie du 3ᵉ corps d'armée, qui sera dirigé, d'après les renseignements transmis par le général commandant de ce corps d'armée, sur Omour-Fakih. Ces escadrons doivent se porter en avant dès que les hostilités auront commencé, et les commandants des brigades sont tenus de procurer des guides — paysans ou toutes autres personnes connaissant le pays — à chacun des capitaines des escadrons de reconnaissance. »

A l'ouverture des hostilités, aucun de ces escadrons n'a pu se frayer un passage à travers les masses ennemies très considérables au voisinage de la frontière. Dès lors, leur mission fut confiée à des reconnaissances d'officiers qui, elles-mêmes, ne purent prendre le contact avec l'adversaire que sur le sol turc, par suite de la marche très rapide de l'infanterie bulgare.

Le 16, nous arrivâmes à Sari-Talicheman à 1 heure de l'après-midi. A 1ʰ 3o, Salih pacha prit les dispositions suivantes :

La 1ʳᵉ brigade, avec sa section de mitrailleuses, passera la nuit à Vaïsal.

La 2ᵉ brigade, avec sa section de mitrailleuses, ainsi que l'artillerie, passeront la nuit à Sari-Talicheman.

La 3ᵉ brigade, avec sa section de mitrailleuses, poussera en avant sur Hadji-Talicheman.

Le quartier général de la division reste à Sari-Talicheman.

Nous conservâmes ces emplacements jusqu'au 18 octobre à 9 heures du matin.

CHAPITRE II

LES PREMIERS COMBATS

—

18 octobre.

J'ai été désigné comme officier d'ordonnance du colonel du régiment Hassan bey. A 7 heures du matin, je le rejoins au poste téléphonique du blockhaus de Bakadjak, au nord de Vaïsal, où se trouve également le commandant de la brigade, Zia bey. Des deux côtés, la frontière est jalonnée de ces constructions, observatoires plutôt qu'ouvrages de défense; les blockhaus bulgares sont en maçonnerie, les nôtres en bois et en terre. La matinée se passa tranquillement. Soudain, j'aperçois vers le nord-est une colonne de fumée qui s'élève droit vers le ciel. C'est le village musulman de Malkochelar, situé sur le territoire ottoman, qui flambe. Sans aucun doute, les Bulgares ont traversé la frontière et y ont mis le feu. Peu après, un coup de téléphone confirme le fait : Salih pacha, qui en a également été avisé, donne l'ordre à Zia bey de prendre immédiatement l'offensive et d'attaquer tout ce qui se trouve devant lui. Cet ordre nous arrive à midi. L'état de guerre est commencé.

Un escadron de mon régiment est envoyé en reconnaissance vers le nord-ouest en contournant par la gauche la forêt de Vaïsal qui s'étend vis-à-vis de nous, à cheval sur la frontière. Pour ma part, je suis chargé de faire relever le poste de correspondance situé à mi-chemin entre Vaïsal et Hadji-Talicheman, à la bifurcation de deux pistes venant de Bulgarie. Ce poste, qui assure la liaison de nos deux brigades de première ligne, a été tenu jusqu'ici par nos camarades de la 3e brigade ; nous devons les y remplacer. Ma mission accomplie sans incident, je reviens vers Bakadjak ; Zia bey et son état-major ont quitté le poste téléphonique et se sont établis plus à l'ouest sur une croupe qui fait face à la lisière du bois ; la brigade s'est massée derrière la crête, prête à entrer en action.

Le mamelon où se tient notre état-major est le plus élevé de toute la région ; il commande le terrain et nous donne d'excellentes vues dans toutes les directions. Un ravin assez profond nous sépare de la forêt de Vaïsal, dont les buis-

des fusils. Il avait perdu : deux gradés tués, un officier et douze hommes de troupe bléssés.

L'ennemi a maintenant repéré notre position et la couvre d'un feu nourri. Zia bey s'expose inutilement ; il fume tranquillement sa cigarette, assis à terre, son sabre posé en travers des genoux et plaisante avec nous. J'admire son sang-froid. Une phrase de Moltke me revient à l'esprit : « Les qualités du caractère l'emportent, à la guerre, sur celles de l'esprit, et tel qui brille sur le champ de bataille passait inaperçu en garnison. » Zia bey, précisément, était loin de briller en garnison, mais ici, en présence du danger, son calme, son air dégagé et ses saillies ont tellement de prise sur ceux qui l'entourent qu'on les sent prêts à suivre leur chef partout où il voudra les conduire.

« Voyez, dit-il, en allumant une autre cigarette, comme ces imbéciles de Bulgares tirent mal. »

Nous apercevons maintenant l'escadron du 2e régiment se replier sur nous à son tour.

Il est 5 heures passées. Zia bey donne l'ordre de nous mettre en selle pour rejoindre les autres brigades vers Sari-Talicheman.

Le combat est rompu ; un instant après l'escadron de reconnaissance rentre ; son capitaine

nous signale la présence de fortes masses ennemies vers Hambarli, assez loin au nord-est.

Nous nous mettons en route, mais il nous est
presque impossible d'avancer en ordre, tellement le chemin est encombré de chariots, de
troupeaux, de femmes et d'enfants marchant
pêle-mêle; c'est notre population musulmane
qui se retire vers l'intérieur. Pauvres gens! Ils
sont tous en larmes de quitter leurs biens et
leurs habitations : ce sont déjà les horreurs de
la guerre qui commencent. A 7ʰ 3o, après avoir
établi une ligne d'avant-postes vers le nord, nous
passons la nuit à la belle étoile, à 2 kilomètres
du village de Sari-Talicheman.

*
* *

19 octobre.

A l'aube, nous sommes debout; Salih pacha
nous donne l'ordre de nous porter à l'ouest de
Sari-Talicheman. Nous restons sur ce point
jusqu'à 3 heures de l'après-midi. A ce moment,
des masses d'infanterie ennemie commencent à
traverser la frontière. Notre artillerie arrête pendant quelque temps les têtes de colonnes. A

FRONTIÈRE DE LA THRACE

(OPÉRATIONS DU 18 AU 23 OCTOBRE)

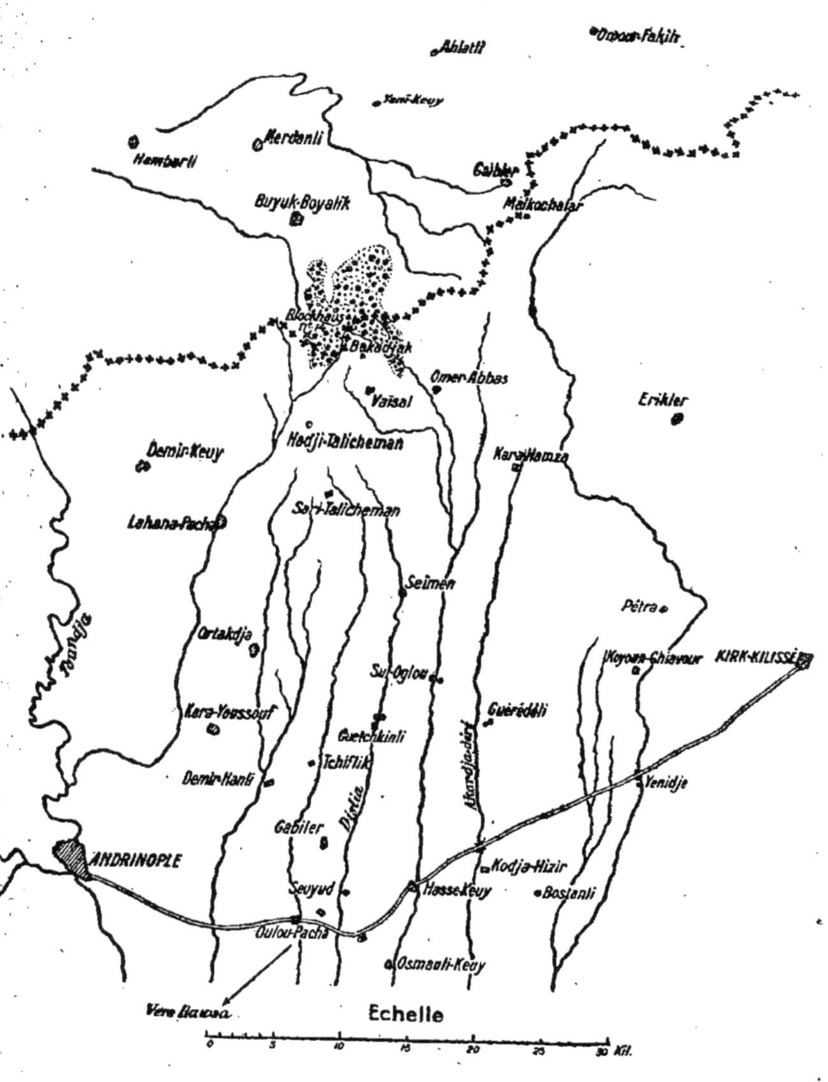

Croquis n° 1.

4 heures, nous apercevons trois régiments de cavalerie bulgare marchant droit sur nous. Cette vue nous comble de joie. Enfin, nous allons nous mesurer avec nos adversaires naturels, qui jusqu'ici se sont cachés derrière leurs fantassins, tandis que nous les attendions à découvert. Salih pacha donne à la 2ᵉ brigade l'ordre de se porter sur l'ennemi, soutenue par la nôtre. Nous traversons au trot le village de Sari-Talicheman et, imitant l'exemple de la brigade de tête, nous nous formons immédiatement en colonne de régiment. Voilà tout le 1ᵉʳ lanciers en bataille, en première ligne ; son front se hérisse de lances, les officiers ont mis le sabre à la main ; les hommes sont bien animés, les chevaux eux-mêmes, sentant qu'on va prendre les allures vives, piaffent dans les rangs. Hélas ! la cavalerie bulgare refuse l'invitation qui lui est faite de si bon cœur. Nous la voyons tourner le dos et s'éloigner vers le nord.

De nouveau la parole est au canon. Nos braves artilleurs font ce qu'ils peuvent pour retarder les masses des fantassins bulgares qui avancent en formation serrée ; mais comment résister sans infanterie ? Ce n'est d'ailleurs pas le rôle de la cavalerie de couverture. Nous devons nous estimer heureux de voir les colonnes adverses se déployer sous nos obus et perdre ainsi un temps précieux.

Après deux jours d'absence, nous voilà, ce soir, de retour dans ce village de Sul-Oglou, où nous avons passé une semaine si joyeusement. Aujourd'hui, notre gaieté a fait place à une indescriptible tristesse, car l'ennemi a foulé sous nos yeux le sol de la Patrie.

*
* *

20 octobre.

Nous prenons position entre Sul-Oglou et Guerédéli à 7 heures du matin. Le temps est affreux, la pluie n'a cessé de tomber depuis quatre heures; les routes sont presque impraticables.

Nos reconnaissances signalent les têtes de colonnes ennemies vers Seïmen. La plus grande partie de la journée se passe dans l'expectative. A 4 heures, la division se replie sur Guerédéli et, de là, doit gagner Kodja-Hizir.

A l'entrée sud de Guerédéli, je rencontre une pointe d'infanterie. C'est le régiment des chasseurs de Plewna (du 1er corps d'armée) qui se dirige sur Sul-Oglou. Le 1er bataillon est suivi de la section de mitrailleuses de l'École militaire. J'ai cru tout d'abord que ce régiment était l'avant-garde d'une grosse unité ; quel fut mon étonnement lorsqu'on me répondit que c'était tout ce qu'on envoyait pour attaquer l'ennemi, sans attendre l'arrivée du 1er corps. Quelle folie ! Un seul régiment se trouvait devant toute une armée ! Et on parlait de prendre l'offensive !

*
* *

Kodja-Hizir (quartier général de la division),
21 octobre.

La pluie n'a pas cessé depuis hier, nous avons passé la nuit sous la tente, les chevaux à la corde ; nous sommes trempés jusqu'aux os. Nos montures ont beaucoup souffert. Après les longues marches et manœuvres de couverture que nous venions de faire, ces pauvres bêtes avaient droit à un peu plus de confort, mais que faire ?

Le lieutenant-colonel Veit bey, notre ancien instructeur allemand, est venu nous rejoindre ce matin. Il est attaché à la division pour suivre les opérations.

Je profite de cette journée de repos pour compléter mes notes et soigner ma belle jument Kara-Chebek (Singe noir). Pauvre bête, comme elle a déjà l'air fatigué, et c'est sur son dos que je vais faire toute la campagne.

D'après les renseignements que j'ai pu recueillir des camarades partis en reconnaissance, voilà ce qui s'est passé dans la journée du 19 octobre. L'armée bulgare a traversé la frontière de Thrace sur plusieurs points. Les gros de ses forces étaient réunis à Buyuk-Boyalik et Gaïbler. Les forces de Buyuk-Boyalik se sont divisées en un certain nombre de colonnes qui s'avancent à la même hauteur entre la Toundja et Vaïsal, sous les ordres, dit-on, du général Radko Dimitrief.

Les forces de Gaïbler ont franchi également la frontière, marchant sur Erikler et Petra (1).

*
* *

____

(1) J'ai su, pendant l'armistice, lorsque j'étais à Constantinople, que Mahmoud Moukhtar pacha, commandant notre 3ᵉ corps à Kirk-Kilissé, était très mal renseigné par sa cavalerie. En effet, la 3ᵉ armée bulgare, qui s'était glissée à travers la Roumélie Orientale pour venir prendre position du côté d'Omour-Fakih, avait inopinément surgi sur la droite de Mahmoud Moukhtar qui s'était portée sur Petra. C'est cette marche du général Radko Dimitrief, exécutée pour ainsi dire à huis clos, qui a causé la panique de notre aile droite dans la journée du 22.

22 octobre.

Hier soir, nos escadrons de découverte ont signalé des patrouilles bulgares s'avançant sur Sul-Oglou et Guetchkinli.

Le commandant en chef de l'armée de l'Est, Abdoullah pacha, nous donne l'ordre, de son quartier général de Lulé-Bourgas, de prendre immédiatement l'offensive et d'arrêter la marche de l'armée bulgare.

Le 2ᵉ régiment ne fait plus partie de la division : il part rejoindre le 3ᵉ corps à Kirk-Kilissé.

A 8 heures du matin, la division est réunie près du pont de l'Akardja-Déré, au nord de Kodja-Hizir, sur la chaussée de Kirk-Kilissé à Andrinople. Nous voyons défiler la 3ᵉ division du 1ᵉʳ corps d'armée qui va prendre position du côté de Guetchkinli. Plus à droite, la 2ᵉ division du même corps (prince Aziz) a déjà occupé Sul-Oglou.

Nous avons pour mission de couvrir la gauche de notre armée, du côté de Kara-Youssouf. Entre nous et Andrinople, il y a la brigade légère d'Ibrahim bey.

Salih pacha indique lui-même leur direction à nos reconnaissances d'officiers vers le nord, à Guetchkinli et Ortakdja.

Après deux jours de pluie, les routes sont abominables ; nos chevaux enfoncent jusqu'au poitrail ; l'artillerie a toutes les peines du monde à avancer.

A 1 heure, nous sommes sur les hauteurs situées au nord de Demir-Hanli. La bataille est déjà engagée ; de Kirk-Kilissé à Guetchkinli, 10 divisions sont aux prises avec l'ennemi dans l'ordre suivant, de la droite à la gauche :

3e corps d'armée (Mahmoud-Moukhtar), vers Petra ;

2e corps d'armée (Chevket Tourgout pacha) au nord-ouest de Koyoun Ghiavour ;

1er corps d'armée (Omer Yaver pacha), à Sul-Oglou et Guetchkinli ;

4e corps d'armée (Ahmed Abouk pacha), en marche de Hasse-Keuy sur Tchiflik.

Nous formons l'extrême-gauche de tout le dispositif, si l'on ne tient pas compte de la brigade légère d'Ibrahim bey qui nous relie à Andrinople. La formation de l'armée ottomane s'appuyant ainsi à la grande place forte, suffit à nous éclairer sur le plan du commandant en chef. De toute évidence, Abdoullah pacha a l'intention de prononcer un mouvement de conversion à gauche, en se servant d'Andrinople comme pivot.

Immédiatement à notre droite, la division d'Ismid (du 4e corps) a atteint Tchiflik; l'autre division de ce corps d'armée, la 12e, est encore en arrière, en marche sur Oulou-Pacha, trop éloignée du champ de bataille pour prendre part à l'action aujourd'hui.

La bataille continue sur notre droite avec un fracas infernal. Mon camarade Nazim bey Kibrizli, aide de camp de Salih pacha, rentre d'une mission et m'apprend que la division d'Ismid progresse à Tchiflik et que les Bulgares cèdent le terrain au nord de ce village. Par contre, on signale une colonne ennemie qui s'avance de Lahana-Pacha sur Ortakdja. Il faut l'arrêter ou au moins l'empêcher de parvenir sur le champ de bataille avant la nuit. Salih pacha envoie 2 escadrons (des 3e et 11e régiments) à sa rencontre. Le chef d'escadron Eyoub bey, qui commande ce détachement, trouve les Bulgares beaucoup plus forts qu'on ne le supposait; il se heurte à l'avant-garde d'une brigade et demande du secours. Mon régiment part à la rescousse; mais nos camarades ont si bien manœuvré qu'ils se sont dégagés avant notre arrivée. D'ailleurs, les Bulgares n'insistent pas.

Il fait complètement nuit. La bataille a cessé. Le centre bulgare se retire vers le nord. Nous allons coucher à Gabiler, par un beau clair de lune. Nous y trouvons la 12ᵉ division, du 4ᵉ corps, et son commandant, le colonel Feyzi bey.

De notre côté, tout a bien marché, mais je ne sais ce qui s'est passé sur notre droite et suis impatient d'avoir des nouvelles. Nous n'en recevons aucune et nous nous endormons confiants.

*
* *

23 octobre.

C'est affreux, c'est abominable, c'est incroyable ce qui nous arrive ! Il n'y a plus un fantassin dans le village. On nous dit que la 12ᵉ division se retire vers le sud ; que la division d'Ismid, malgré sa victoire de la veille, a abandonné ses positions. C'est incompréhensible ; les Bulgares se retiraient hier soir et nous battons en retraite ce matin. Que signifie donc tout cela ?

Je vais trouver mes camarades, je demande l'avis des capitaines, personne ne peut me renseigner d'une façon précise, personne ne comprend ; nous n'avons pas été battus, puisque nous restons en possession du champ de bataille de la veille.

Enfin, à 2 heures de l'après-midi, nous entendons le canon sur notre front nord-ouest; c'est la colonne bulgare d'Ortakdja qui avance sur Kara-Youssouf et se trouve aux prises avec la force mobile d'Andrinople. La division de cavalerie se retire sur Oulou-Pacha.

Au moment où nous allons monter à cheval, Salih pacha me donne l'ordre de me rendre immédiatement auprès du commandant du 4ᵉ corps qui se trouve, paraît-il, à Kodja-Hizir, de lui dire que le champ de bataille est plein de blessés et que la division de cavalerie ne possède pas de moyens de transport pour les évacuer. Je quitte la division et prends la route de Seuyud vers Hasse-Keuy. Dans les champs, sur la route, partout je rencontre des blessés gravement atteints, sans pansement, sans secours, abandonnés sous la pluie. Les uns me demandent de l'eau, les autres du pain; avec mon ordonnance, nous vidons nos bidons et nos fontes, il ne me reste plus rien, et on me supplie encore. Je dis à ces malheureux de prendre courage, de se traîner jusqu'à Hasse-Keuy, où ils trouveront des ambulances..... Pauvres gens! Combien de ces héros sont restés là pour mourir, non de leurs blessures, mais de faim et de manque de soins.

Je traverse un petit pont de pierre sur la Dislia, j'entre dans le village de Seuyud. Dans une petite maison — la salle d'école — je vois une vingtaine de blessés, gémissant et grelottant de froid. Pas une âme pour leur porter secours. Je tourne vers l'est et prends la route de Hasse-Keuy. Je n'ai pas fait 2 kilomètres que j'aperçois vers le nord une patrouille de cavalerie forte de huit hommes; je crois que ce sont les nôtres et je m'arrête un instant pour les attendre et les interroger. Ils s'approchent, et je commence à distinguer la couleur jaunâtre des capotes bulgares, je vois alors à qui j'ai affaire et pique des deux pour m'éloigner au plus vite. Ils se mettent à ma poursuite, mais il est déjà trop tard, j'ai gagné une bonne avance. Une demi-heure après, j'entre à Hasse-Keuy. Je croyais trouver là nos troupes d'infanterie, mais ne rencontre que quelques traînards. Les maisons sont pleines de blessés abandonnés sans secours, sans médecins. J'interroge quelques-uns de ces braves gens, ils me racontent qu'ils appartiennent à la division d'Ismid, qu'ils ont été blessés la veille et qu'ils ont pu se traîner jusqu'à Hasse-Keuy croyant trouver des ambulances. Je leur dis quelques phrases encourageantes et j'ajoute que ma mission consiste justement à prévenir le commandant de leur corps d'armée pour qu'il les fasse évacuer. Je ne saurais décrire l'espérance que mes paroles produisirent sur ces malheureux; elle ne fit que rendre plus sombres les tristes pensées qui m'agitaient.

Depuis le matin, je n'avais rencontré que la défaillance morale. Hier nous étions vainqueurs; aujourd'hui, sans aucune raison, nous battons en retraite. Je constatais que le commandement n'existait nulle part, et que toute notion de discipline commençait à disparaître. Et, chose affreuse, l'armée se retirait en abandonnant ses blessés..... Pauvres gens, qui étaient venus des provinces lointaines d'Asie pour défendre leur patrie !

La route était encombrée de chariots de munitions; les caissons d'artillerie abandonnés, les cadavres de chevaux jalonnaient le sillage des colonnes.

Au loin, à ma droite, vers le sud-est, je voyais s'allumer les feux de bivouac de nos troupes du 4ᵉ corps, en pleine retraite. L'aboiement de quelques chiens égarés rendait la nuit lugubre, et de tout ce paysage fantastique se dégageait comme un cauchemar.

J'arrive enfin à Kodja-Hizir croyant trouver le commandant du 4ᵉ corps, mais il n'y a dans le village qu'un bataillon de réserve, égaré, paraît-il. Je m'adresse au chef de bataillon pour expliquer le but de ma mission et obtenir des renseignements sur l'emplacement du quartier général de son corps d'armée. Il me répond :

— Je ne sais pas.

Je lui demande alors les ordres qu'il a reçus, pour me faire une idée de l'ensemble de notre direction de retraite ; il me répond :

— Je ne sais pas.

Voyant alors que j'ai affaire à un imbécile, je me retire dans une chaumière avec mes chevaux, et j'attends le jour pour m'orienter.

Je suis à jeun ainsi que mon ordonnance. Je demande un pain de munition aux officiers d'infanterie ; ils n'en ont pas non plus. Je dis à mon ordonnance, Mehmet, que, si nous n'avons pas de pain à manger, ce n'est pas une raison pour grelotter de froid jusqu'au matin et qu'il se débrouille pour faire du feu. Mehmet me répond qu'il s'est déjà procuré du bois et qu'aussitôt après le pansage des chevaux il s'occuperait de nous.

Il est 10ʰ30 ; en ce moment j'entends une formidable détonation ; Mehmet, tout en continuant à bouchonner les bêtes, dresse l'oreille et me demande :

— D'où vient ce chambard, mon lieutenant ?

— C'est la garnison d'Andrinople qui attaque les Bulgares du côté de Kara-Youssouf (1).

Mehmet termine le pansage, allume le feu, s'assoit près de moi et me demande la permission de fumer une cigarette. Je prends sa blague à tabac, en roule une autre pour moi ; et, pendant ce temps, le canon tonne avec un roulement lointain. Des gouttes de pluie viennent frapper, d'un ton sec et monotone, l'unique carreau de notre demeure de fortune. Le rrrat... rrrat... continuel des mâchoires de nos chevaux qui broient leur ration, me berce dans mes pensées amères. Je revois tous les spectacles navrants de la journée.

Tout d'un coup, Mehmet rompt le silence, lui si taciturne d'habitude :

---

(1) J'ai appris que la canonnade de la nuit du 23 au 24 ne provenait pas d'un combat engagé près d'Andrinople, mais d'une attaque exécutée par la division du prince Aziz (2e du 1er corps) en avant de Sul-Oglou et qui se termina, après un premier succès, par un désastre complet pour cette malheureuse unité. Nos troupes, prises de panique, s'enfuirent et entraînèrent bientôt dans leur retraite le reste du corps d'armée.

— Mon Lieutenant, me dit-il, tu permets que je te demande quelque chose ?

— Oui, Mehmet.

— Que se passe-t-il ?

Oui, que se passe-t-il ? Depuis ce matin, cent fois peut-être je me suis posé la même question. Que se passe-t-il ?

Mais comment lui faire part de mes craintes et de mes appréhensions ? Il a l'air de se douter de quelque chose ; tâchons de relever son moral.

— Tout est au mieux, Mehmet, tu sais que nous étions vainqueurs hier.

— Oui, mon Lieutenant, mais aujourd'hui nous n'avons pas l'air de nous cramponner solidement au terrain.

Je ne lui laisse pas le temps d'achever complètement sa pensée :

— Allons voyons, triple brute, comme si toi tu pouvais comprendre quelque chose à ce que nous faisons ; nous voulons profiter du terrain accidenté et c'est pour cela que nous nous retirons pour attendre l'arrivée de nos réserves. Demain ou après-demain nous serons de nouveau à la frontière.

— Eh ! eh ! me dit Mehmet.

Et c'est tout.

Le canon tonne, la pluie tombe, les chevaux

broient leur ration, et moi, je veille en regardant
au mur les ombres en mouvement de nos bêtes,
projetées par le feu de la cheminée.

*
* *

24 octobre.

Au petit jour, avant de me mettre en selle, je
réfléchis à ce que je dois faire. Je me décide à
aller du côté de Sul-Oglou, où je crois rencon-
trer le général prince Aziz pacha avec sa division (2ᵉ du 1ᵉʳ corps d'armée); il pourra peut-
être me donner quelques indications sur la
position du quartier général du 4ᵉ corps d'armée. Je voudrais en finir au plus vite avec la
mission dont je suis chargé. Je saute en selle, je
sors du village, lorsque, à 500 pas de moi, j'aperçois un fanion de divisionnaire et un groupe de
cavaliers s'avançant vers le village. Je reconnais
le colonel Feyzi bey, commandant la 12ᵉ division. Je lui explique ma présence à cet endroit
et je lui demande un conseil.

— Moi-même je vais au quartier général du
4ᵉ corps qui est à Bostanli, me dit-il. Aboul
pacha m'a donné l'ordre de battre en retraite

j'ignore la cause de cette décision, que j'exécute sans l'approuver. Nous ferons, si vous voulez, le trajet ensemble; mais je ne crois pas du tout que le général soit suffisamment outillé pour faire ramasser ces blessés.

— Alors, ne trouvez-vous pas, mon Colonel, qu'il serait préférable que je me rende immédiatement au quartier général de ma division, pour rendre compte à Salih pacha que le 4e corps est déjà loin du champ de bataille, et que vous expliquiez, de votre côté, à Abouk pacha le rapport verbal que je dois lui communiquer? De cette façon nous gagnerons du temps et nous diminuerons la souffrance de centaines de blessés, qui déjà depuis quarante-huit heures sont abandonnés sous la pluie, gémissant sans aucune espérance.

— Avez-vous des papiers pour le général?

— Non, mon Colonel.

— Faites alors comme vous dites, je crois aussi que c'est la solution la plus logique.

Sur cela, je salue Feyzi bey, je consulte ma carte et je pars au galop.

De toutes les cartes de tous les pays, il n'y en a pas une qui puisse rivaliser avec la carte d'État-major turque, au point de vue du manque de clarté et de l'inexactitude. Sur notre carte, rien n'est à sa place; vous trouverez des villages qui n'ont jamais existé, et, par contre, ceux qui existent ne sont pas marqués. Les cours d'eau se confondent avec les routes; les sentiers s'enchevêtrent avec les ruisseaux; la triangulation et le nivellement ont été établis au gré de la fantaisie des topographes, mieux doués sous le rapport de l'imagination que sous celui de la conscience. Heureux le mortel qui pourra s'orienter avec la carte turque! D'après elle, je n'ai qu'à suivre la grande chaussée de Kirk-Kilissé à Andrinople et dans deux heures je serai à Oulou-Pacha, quartier général de la division. Je traverse Hasse-Keuy, poursuivi par les gémissements atroces des blessés; le village est abandonné par ses habitants, ceux qui peuvent marcher s'éloignent lentement vers le sud; les autres attendent tristement leur fin dans les souffrances. Je galope toujours; au bout de quelques instants, je suis dans un village que je prends pour Oulou-Pacha. Mais, comme je ne vois pas la division, je m'informe; les habitants sont des Bulgares; ils me disent que je suis à Osmanli-Keuy et me montrent la direction d'Oulou-Pacha. La carte indique la position d'Osmanli-Keuy à 3 kilomètres au sud de sa vraie situation. Enfin, je prends à travers champs et, une heure après, je suis devant Salih pacha. Je trouve le général très irrité. Je ne sais tout d'abord à quoi attribuer sa colère, mais je comprends un moment après. Il m'écoute avec calme ; il m'interroge très minutieusement sur tout ce que j'ai vu depuis hier et, lorsque je lui dis que tout le 4e corps est en retraite vers le sud avec une partie de son artillerie abandonnée sur les routes :

— Voilà, me dit-il, voilà ce que je ne comprends pas. Depuis hier soir, vous êtes le troisième officier qui me répète la même chose ; pourquoi le 4e corps se retire-t-il avec précipitation ? Qu'y a-t-il ? Puisque je suis ici avec ma division et que l'ennemi n'y est pas, que craignent donc ces gens-là ?

Le général, après avoir conféré avec son chef d'état-major, donne l'ordre aux commandants des brigades d'envoyer des patrouilles pour ramasser les blessés et les faire diriger ensuite sur Hawsa. Mais, faute de moyens de transport, une grande partie restera entre les mains de l'ennemi.

Je prends congé du général et vais rejoindre mon régiment, qui occupe une position avancée sur la droite de la division, au village de Seuyud, par où je passai la veille ; je rencontre en route un convoi de prisonniers bulgares de différentes armes capturés par nos cavaliers.

La position de l'aile gauche turque est actuellement la suivante :

1ᵉʳ et 4ᵉ corps d'armée en déroute, se retirant sur Baba-Eski ;

Quartier général de la division de cavalerie à Oulou-Pacha, avec le gros ;

Le 1ᵉʳ lanciers à Seuyud ;

Le 4ᵉ de cavalerie à Gabiler ;

La brigade légère d'Ibrahim bey plus à l'ouest.

Il y a quarante-huit heures que le 4ᵉ corps a quitté le champ de bataille en désarroi ; nous nous trouvons à 13 kilomètres seulement du point qu'il occupait (Guetchkinli), et cependant on ne voit aucune avant-garde, aucune reconnaissance ennemie. Les Bulgares semblent s'être évanouis dans l'espace. Aussi pouvons-nous nous reposer en toute quiétude à l'abri de nos avant-postes. Nos trains nous ont rejoints. C'est l'abondance ! Nous avons le loisir d'installer nos lits de camp ; les chevaux, après pansage, sont mis à l'écurie, et nous allons passer une excellente nuit qui nous remettra un peu des fatigues et des émotions des jours précédents.

CHAPITRE III

LA RETRAITE SUR LULÉ=BOURGAS

---

25 octobre.

Le réveil, ce matin, n'a pas été plus troublé que le coucher d'hier soir. Nous avons le temps de nous baigner, puis nous préparons le déjeuner.

Des brancardiers viennent nous dire qu'il y a une quarantaine de soldats du 4e corps gravements atteints sous une tente à trois quarts d'heure de distance, et qu'ils n'ont pas mangé depuis le 22 octobre. Nous nous préparons à les secourir, mais au même moment (il est 11 heures) un cavalier d'une de nos patrouilles de reconnaissance entre au galop dans le village et nous signale une colonne d'infanterie avançant de Guetchkinli sur Seuyud. Promptement en selle et nous évacuons le village. Nous prenons une position d'attente sur les collines à l'ouest. Le

4ᵉ de cavalerie vient nous rejoindre et nous allons prendre une disposition de combat, lorsqu'un officier d'ordonnance du commandant de la division nous communique l'ordre de rallier le gros de la division à Osmanli-Keuy. Cet officier (mon camarade Djemil bey, fils de l'ancien ambassadeur de Turquie à Paris) me dit que Salih pacha a reçu une dépêche d'Abdoullah pacha lui prescrivant de se retirer tout en protégeant la retraite de l'infanterie. Notre aile droite, Mahmoud Moukhtar, est complètement battue, et Kirk-Kilissé est peut-être déjà au pouvoir du général Radko Dimitrief.

Morne marche de retraite. Nous traversons Hawsa au coucher du soleil, et nous assistons là à des scènes déchirantes. Hawsa est une petite ville de la Thrace, à 25 kilomètres au sud-est d'Andrinople. Celui qui a voyagé en Orient sait à quoi s'en tenir sur les villes de province turques : un amas de constructions en bois, prêtes à prendre feu à la moindre étincelle, un labyrinthe de rues tortueuses et d'une saleté pestilentielle, où l'équerre du géomètre serait incapable de trouver un repère de direction. Une mosquée blanchie à la chaux, avec son cimetière à l'ombre des cyprès, complète le décor monotone des cités des croyants. Si ces lignes tombent sous les yeux de Pierre Loti, cet écrivain prestigieux me trouvera bien profane de blâmer ainsi la beauté captivante de l'architecture propre à notre nation, qui se complaît dans une existence insouciante et se berce de fantômes. Malgré mon admiration et mon profond respect pour le grand turcophile, je ne pourrai m'empêcher d'émettre un avis différent du sien sur ce qui touche notre société, si en arrière de son siècle. Le Turc, par son attachement inébranlable au passé, par son inflexible dédain pour tout ce qui est moderne et occidental, essuie depuis un siècle les plus grandes calamités que l'histoire ait jamais vues s'accumuler sur la tête d'un peuple en un si court espace de temps. Les malheurs et les défaites de la Turquie ne peuvent être attribués qu'à son obstination à ne pas admettre dans sa société les mœurs et les idées occidentales, qui constituent la civilisation moderne.

Revenons à notre récit.

A 500 mètres de la ville, nous entendons des cris et des rumeurs d'une population affolée, presque en détresse. A hauteur des premières maisons, nous voyons d'inexprimables scènes d'horreur : en un instant la foule nous barre passage, les habitants nous demandent, dans une agitation surnaturelle, si l'ennemi est proche, si nous sommes poursuivis par les Bulgares. Nous les rassurons plus ou moins, en les engageant toutefois à évacuer promptement la ville, afin de ne pas être surpris dans la nuit par la cavalerie ennemie. Notre colonne avance toujours, mais sans aucun ordre, car la rue est tellement encombrée de chariots et des hardes des pauvres fugitifs qu'il nous est presque impossible de nous frayer un passage. Devant le bureau du télégraphe, ce sont des cris plaintifs que j'entends au-dessus de ma tête. Je vois alors une dizaine de blessés, blêmes d'émotion, nous implorant de les faire partir. Partout j'aperçois par l'ouverture des portes démolies des tas de blessés abandonnés dans les maisons, hurlant, gémissant, se traînant à quatre pattes jusqu'à la rue pour se hisser sur des chariots où quelques paysans charitables veulent bien leur accorder une place au milieu des effets de première nécessité, qu'ils emportent avec eux dans leur émigration vers l'inconnu, vers la misère sans doute

Les femmes jettent leurs objets les plus précieux par les fenêtres pour aller plus vite; ces paquets, tombant de haut, causèrent à nos hommes et à nos montures quelques légères blessures.

La présence d'un train régimentaire et de

voitures d'ambulance de construction primitive, stationnant dans la rue, paralyse totalement nos mouvements. Le tumulte et l'affolement effraient nos chevaux; nous avons du mal à les maîtriser. Je vois enfin l'escadron qui me précède réussir à se dégager; nous avançons à notre tour et nous approchons du vieux pont après avoir traversé un énorme portique faisant communiquer deux citadelles en ruines qui servaient autrefois de quartier d'hiver à nos terribles spahis des plaines d'Andrinople. C'est un vestige de nos grandeurs passées, qui rappelle quatre siècles de gloire pure. Quel contraste que ce souvenir de notre histoire nationale avec les misères présentes!

A la hauteur du pont, le lieutenant-colonel Veit est occupé à abreuver son bel étalon arabe. Nous nous mettons en route ensemble à la tête de mon escadron. De l'autre côté de la rivière l'encombrement a cessé, la colonne se reforme et reprend sa marche normale.

— Eh bien, Selim, me dit le colonel, que pensez-vous de tout cela?

— Rien de bon, mon Colonel, nous avons l'air de filer.

— Pas précisément, nous battons en retraite, en couvrant l'aile gauche.

— Oui, pour ne plus revenir. Je crois que chaque pouce de terrain que nous abandonnons est irrévocablement perdu.

— Mais non ! Mais non ! Ne soyez pas si pessimiste, nous avons encore des atouts en mains.

— Lesquels ?

— La ligne de l'Erghéné, par Dieu. Nous pourrons remporter un succès par là.

— Je ne pense pas, mon Colonel, et j'ai des raisons de croire que nous allons de ce pas jusqu'à Tchataldja.

— Quelles sont ces raisons ?

— Regardez, lui dis-je en montrant le désordre dans lequel avançaient nos troupes, avec hommes et chevaux épuisés de faim et de fatigue, tout cela n'est plus bon pour le combat.

— Cela pourra s'arranger, me dit-il; mais il n'avait pas l'air convaincu.

Tout en causant ainsi nous venions d'atteindre le sommet d'une côte. Nous vîmes alors devant nous, dans la direction du sud-est, un grand incendie. Après les spectacles horribles auxquels nous venions d'assister depuis le matin, ce feu dans le lointain avait quelque chose de sinistre, mais de grandiose tout de même. J'ai entendu dire dans les rangs du 9e régiment, par les

hommes originaires de la contrée, que c'était
Koulé qui brûlait. Deux heures plus tard, nous
étions dans ce village ; le feu s'était éteint de lui-
même après avoir dévoré tout le quartier ouest.
Une fois pied à terre, je suis allé me jeter sur une
botte de foin ; harassé de fatigue, tombant de
sommeil, je dormis profondément à côté de ma
jument.

*
* *

26 octobre.

Toujours la retraite ! La colonne de route
de la division se forme à 9 heures et se dirige
sur Baba-Eski, après avoir laissé un escadron
(le 2ᵉ du 1ᵉʳ lanciers) à Koulé, pour protéger les
caravanes d'émigrés qui ne cessaient d'arriver de
l'ouest. A trois heures nous arrivons à Baba-
Eski : la ville est déserte.

Le 1ᵉʳ lanciers formant le dernier échelon de
la colonne, nous entrons les derniers dans la
localité. Nous devons y rester cette nuit. Salih
pacha est descendu à la municipalité et, au
moment où nous passons devant la porte du
bâtiment, un officier d'ordonnance vient dire à
mon colonel que le général demande un officier

de mon régiment pour expédier un rapport.
Hassan bey me désigne. Le pacha me dit d'attendre un instant. Quelques minutes après, le
lieutenant Djemil bey vient me trouver auprès
des officiers d'ordonnances, au quartier général,
et me dit que nous devons immédiatement partir
en mission à Lulé-Bourgas. Nous sautons en
selle, je prends quatre cavaliers de mon escadron et nous voilà en route.

La grande chaussée de Baba-Eski à Lulé-
Bourgas offre l'aspect tragique des misères et
des malheurs dont une armée en déroute laisse
le tableau derrière elle. Canons et caissons
défoncés, chariots renversés, cadavres de chevaux, longues files de voitures de paysans en
fuite, des groupes de deux, cinq, dix, vingt
traînards et blessés se soutenant à peine, s'ar-
rêtant à chaque pas pour refaire leur pansement de fortune ou reprendre haleine, rien ne
manquait à ce spectacle navrant. Aussi, voyant
que la route devenait de plus en plus impra-
ticable, nous décidons de prendre à travers
champs pour arriver plus tôt à notre destination.

Tout en marchant d'une allure accélérée,
Djemil bey me met au courant de la situation.
Notre aile droite (3e corps), complètement dé-
faite, s'est retirée en désordre partie sur Bounar-

Hissar, partie sur Baba-Eski et Lulé-Bourgas. Les débris du 1er corps, qui s'était fait battre à Sul-Oglou, ainsi que les 2e et 4e corps, se sont retirés sur Lulé-Bourgas. Cette situation de notre armée rend la position de la division de cavalerie excessivement critique. Salih pacha s'est décidé à se porter plus à l'est et à prendre ses cantonnements à hauteur de Lulé-Bourgas. Une estafette est partie à Koulé pour informer le commandant de l'escadron de l'arrière-garde de rejoindre promptement la division.

Notre mission à nous consiste à avertir les avant-postes d'infanterie de la marche de la division sur Lulé-Bourgas, afin d'éviter des confusions dans la nuit. Car la veille, la cavalerie du 3e corps, rentrant inopinément dans la ville, a été mitraillée.

A 6 kilomètres de Baba-Eski nous recontrons une patrouille de sept cavaliers, marchant dans notre direction. Ils s'arrêtent aussitôt qu'ils nous voient. Nous les distinguons très bien ; il n'y a aucun doute, c'est une patrouille turque. Du coup, et sans plus de façon, ils font feu sur nous; nous crions, nous leur faisons des signes : pas moyen de nous faire comprendre, ils tirent sans relâche. Les projectiles pleuvent autour de nous. Un de nos chevaux est blessé, une balle traverse le képi de Djemil bey, une autre effleure légèrement mon oreille gauche, nous sommes obligés de faire demi-tour. Nous nous retirons derrière les ondulations du terrain. A ce moment, nous essuyons une nouvelle fusillade venant du nord; cette fois-ci, c'est l'ennemi. Il n'y a plus à hésiter, notre position est très dangereuse, il faut se tirer de là au grand galop. Nous nous défilons autant que possible en utilisant le terrain pour revenir sur la chaussée. A 9 heures du soir, après avoir fait plus de 80 kilomètres en douze heures, nous arrivons à Lulé-Bourgas, sous une pluie battante.

La ville est le quartier général de trois corps d'armée. Les troupes sont campées sous la pluie; le désordre et l'indiscipline règnent en maîtres. Nous nous présentons devant le commandant du 1er corps, Omer Yaver pacha; nous lui expliquons le but de notre mission, il donne les instructions nécessaires à son état-major, puis nous invite à dîner. Le repas consiste en un peu de pain et une moitié de dinde bouillie.

Le commissaire de police me fait indiquer une maison où je pourrai passer la nuit. Dans ma situation, c'est un inappréciable service qu'il me rend.

*
* *

27 octobre.

La division de cavalerie est arrivée. La journée se passe sans incident. Les troupes d'infanterie ont garni les collines vers le nord-est. J'entends de nouveau parler d'offensive, mais je ne crois pas que notre état-major ait perdu la tête au point de vouloir risquer une nouvelle attaque avec une armée en déroute.

Les Bulgares ne nous poursuivent pas ; nous ne voyons nulle part leur cavalerie. Mon régiment passe la nuit dans les bâtiments d'une exploitation agricole, au sud de la ville.

Pendant mes allées et venues dans les rues de Lulé-Bourgas, j'ai rencontré pas mal de camarades appartenant à divers corps d'armée et glané une ample moisson de renseignements, grâce auxquels les faits se précisent dans mon esprit, me permettant de reconstituer dans une certaine mesure l'historique des tristes événements qui nous ont conduits ici. Je me rendais à peu près compte de ce qui s'était passé à l'aile gauche, où j'avais assisté à l'inexplicable retraite du 4e corps dans la nuit du 22 au 23, retraite qui laissa un vide complet entre le 1er corps et notre division de cavalerie. Je savais aussi que le 1er corps avait éprouvé un désastre dans la nuit suivante (du 23 au 24), en prenant l'offensive en avant de Sul-Oglou, mais j'ignorais absolument ce qui s'était passé plus à droite, au 2e et au 3e corps.

J'ai appris aujourd'hui que Mahmoud Moukhtar ne se doutait pas de la concentration d'une armée bulgare au nord de Kirk-Kilissé et qu'il a avancé vers le nord-ouest sur Petra et Erikler en découvrant complètement son flanc droit. Attaqué de front et de flanc, ses divisions ont tenu bon le 22, mais le 23 la panique s'est emparée des rédifs dès les premiers coups de canon et, se communiquant bientôt à tout le corps d'armée, a fait refluer notre aile droite pêle-mêle sur Yenidjé et Kirk-Kilissé, malgré les efforts des officiers pour arrêter la débâcle. Le 2e corps qui, contrairement à ce qu'on m'avait dit d'abord, n'est pas entré en ligne entre le 1er et le 3e, s'est vu entraîné dans la déroute sans avoir combattu.

Ainsi partout la panique, partout la fuite presque sans combattre. Seul, le 1er corps a éprouvé des pertes assez sérieuses avant de lâcher pied. A quoi attribuer ce désastre, peut-être sans précédent dans l'histoire ? J'entrevois deux causes principales : les idées préconçues de notre commandant en chef, la mauvaise qualité et le manque d'organisation des bataillons de rédifs.

Abdoullah pacha n'a jamais voulu croire à la présence de forces importantes bulgares dans le nord de la Thrace. Il était persuadé que le gros de l'ennemi s'avançait en Macédoine et que nous n'avions affaire qu'à un rideau, chargé de nous tromper; aussi voulait-il percer au plus tôt ce masque et entrer en Roumélie Orientale pour prendre à revers les armées ennemies qu'il s'imaginait manœuvrant dans le sud. Cependant, dès le 19 octobre, notre division avait signalé au grand quartier général la présence de grosses masses adverses franchissant la frontière sur plusieurs points simultanément. Malheureusement, on ne nous a pas crus, et nos rapports précis n'ont pu triompher des préventions d'Abdoullah pacha. Le grand État-major répondit ironiquement en demandant si nous étions munis de jumelles Zeiss et ajouta qu'il était fâcheux de voir les jeunes officiers envoyés en reconnaissance prendre des régiments pour des corps d'armée; que la principale armée bulgare se trouvait en Macédoine et qu'en Thrace l'offensive ennemie se bornerait certainement à des démonstrations ou à des attaques simulées. C'est ainsi que le 3e corps, en se conformant aux instructions données par Abdoullah pacha, quitta la position relativement solide de Kirk-Kilissé pour s'avancer à l'aventure au moment même où le général Dimitrief était prêt à fondre sur lui.

D'autre part, cette marche inconsidérée, nous l'entreprenions avec des forces encore insuffisamment prêtes à entrer en campagne. Les unités de rédifs, rassemblées à la hâte, n'avaient pas encore eu le temps d'acquérir le minimum de cohésion, faute duquel une troupe est plus dangereuse qu'utile sur le champ de bataille. Les hommes, insuffisamment instruits, manquaient de cadres. L'intendance n'ayant pu ravitailler l'armée, chaque unité dut se débrouiller pour assurer l'alimentation de la troupe et des chevaux. C'est ainsi que mon régiment procéda pendant notre séjour à Sul-Oglou à des achats directs et constitua un dépôt, où nos trains se ravitaillaient, de sorte que nous ne manquâmes de rien jusqu'à la retraite vers Lulé-Bourgas. Les officiers qui commandaient les rédifs, soit apathie, soit ignorance, ne firent aucun effort pour se procurer des vivres; leurs bataillons arrivèrent pour la plupart à demi affamés sur la ligne de concentration. Au lieu de donner quelque repos à ces gens épuisés par les marches et le manque de nourriture, on les jeta immédiatement contre les Bulgares. Comment s'étonner, dans ces conditions déplorables, que nos réserves aient cédé à la panique ? On avait trop compté sur l'endurance et la sobriété du soldat turc, qui est un homme après tout, et dont la capacité de résistance est limitée comme celle de tous les êtres vivants.

L'exemple de la division de cavalerie montre que nos troupes, lorsqu'elles sont bien entraînées et bien commandées, peuvent surmonter bien des épreuves physiques et morales et rester dans la main de leurs chefs sans se laisser atteindre par le courant de découragement et d'indiscipline qui paraît devoir tout emporter.

En somme, les premiers combats peuvent être résumés ainsi :

1° Du 18 au 21 octobre, marche offensive des Bulgares et engagements de cavalerie ;

2° Le 22, marche offensive des deux partis, choc sur toute la ligne sans résultat appréciable, avec un léger avantage pour les Turcs, à leur gauche ;

3° Le 23, retraite des deux ailes de l'armée ottomane (4ᵉ et 3ᵉ corps) ; le centre tient bon ;

4° Dans la nuit du 23 au 24, contre-offensive et défaite du centre ottoman; retraite générale.

De toutes les nouvelles stupéfiantes qui me sont parvenues ces jours-ci, aucune ne m'a plus surpris ni peiné que celle de la dissolution totale de la division du prince Aziz pacha à Sul-Oglou, qui s'est produite pendant la nuit que j'ai passée solitairement à Kodja-Hizir, lorsque j'étais à la recherche du commandant du 4ᵉ corps d'armée. La pluie, qui avait déjà tombé sans interruption depuis le matin, a continué toute la nuit et c'est par un temps pareil qu'on a donné l'ordre à cette malheureuse division d'attaquer l'ennemi. Les conditions de toute nature, temps, heure, terrain, lui étaient défavorables. Cependant, le mouvement réussit d'abord et refoula la première ligne bulgare; mais la seconde ligne, solidement retranchée, accueillit nos colonnes à courte distance par un feu d'autant plus efficace, qu'il les prenait par surprise en formation serrée.

Ce fut un sauve-qui-peut général; on abandonna armes et bagages dans une fuite éperdue. J'ai l'honneur de connaître intimement S. A. le général prince Aziz pacha, qui est un des chefs les plus énergiques de notre armée. Sa division a toujours passé pour une unité modèle. Il a fallu qu'on l'engageât bien mal à propos et sans la soutenir pour qu'elle subît une catastrophe si complète.

*
* *

28 octobre.

Nous nous réveillons au son de la canonnade. L'armée est de nouveau aux prises avec l'ennemi du côté de Kara-Agatche et de Tchoungara. Le bruit court que des corps de réserve sont arrivés d'Anatolie. Nous ne quittons pas Lulé-Bourgas que nous avons mission de défendre, mission peu absorbante, car l'ennemi ne se montre pas dans notre secteur. Nous allons passer la nuit à Bedir-Keuy, village situé à 3 kilomètres au sud-est, couverts par des avant-postes d'infanterie. Des camarades viennent nous annoncer que la journée n'a pas été mauvaise pour nous et que demain la situation peut tourner tout à fait à notre avantage. Vers minuit, une alerte se produit, mais nos grand'gardes ont vite fait de repousser l'adversaire.

CHAPITRE IV

LA BATAILLE DE LULÉ-BOURGAS

29 octobre.

Les 1ᵉʳ, 2ᵉ et 4ᵉ corps d'armée, après avoir reflué en désordre sur Lulé-Bourgas du 23 au 28 octobre, devaient continuer leur repli vers Tchorlou; mais, au dernier moment, les commandants de ces trois corps, réunis en conseil, décidèrent de se former en ligne, par la droite, vers le nord-est, de reprendre ainsi contact avec le 3ᵉ corps à Visa et de passer ensuite à l'offensive.

L'idée de vouloir prendre l'offensive avec des corps complètement désorganisés, ayant effectué la veille encore une retraite qui avait tout le caractère d'une déroute, m'a paru tellement extravagante que j'ai cru tout d'abord qu'il s'agissait d'une manœuvre habile de la part de nos chefs pour relever le moral des troupes et continuer le mouvement en arrière avec un peu plus d'ordre.

Les événements n'ont pas tardé à me démontrer que je me trompais et que bel et bien on a pris la résolution d'attaquer.

Ce matin, l'armée d'Abdoullah pacha, face à l'ouest, occupe un front de 5o kilomètres, dans l'ordre suivant :

A l'aile droite, le 3e corps (Mahmoud Moukhtar) en avant de Visa; au centre, le 2e corps (Chewket Tourgout pacha), vers Kara-Agatche ; à l'aile gauche, le 1er corps (Omer Yaver pacha) à Turck-Bey et le 4e corps (Ahmed Abouk pacha) s'étendant jusqu'à Lulé-Bourgas. Le quartier général d'Abdoullah pacha est à Sakis-Keuy. A la division de cavalerie incombe la double mission d'éclairer le commandement sur la marche de l'aile droite bulgare et de former pivot, à l'aile gauche de notre armée, afin de faciliter l'offensive de nos corps du centre et de droite.

Le point fixe que notre division doit tenir à tout prix est Lulé-Bourgas. Cette petite ville-bourgade, mi-turque, mi-grecque, est située sur la rive gauche d'un des principaux affluents de l'Erghéné, le Kara-Agatche déré, dont le cours est orienté du nord-est au sud-ouest. Franchissable sur un grand nombre de points en amont de la ville, la rivière présente en aval, entre Lulé-Bourgas et son confluent avec l'Erghéné, un obstacle assez important, malgré son peu de profondeur, car son lit est fortement encaissé. Il n'existe qu'un pont de pierre, assez large, en face de la localité.

La ville elle-même, terrée dans un bas-fond, ne constitue pas un point d'appui défensif. En revanche, les deux longues croupes parallèles au cours d'eau à l'est et à l'ouest, comportent de grands avantages, surtout celle de la rive droite. Elle offre d'excellentes vues dans la direction dangereuse, un champ de tir parfait, et le revers de la pente est assez rapide pour défiler complètement à proximité de la crête les chevaux, les attelages et les réserves. Malheureusement, en cas de revers, la retraite est rendue difficile par le fossé du Kara-Agatche déré, que les voitures ne peuvent passer que par le pont.

A 6 kilomètres au sud de la ville passe la ligne de chemin de fer de Constantinople à Andrinople ; elle suit la rive nord de l'Erghéné, perpendiculairement au Kara-Agatche déré, qu'elle franchit sur un pont métallique. La station de Lulé-Bourgas se trouve dans l'angle oriental formé par le confluent des deux cours d'eau ; une chaussée la relie à la ville en passant au bord du plateau qui domine la rive gauche.

Les unités du 4ᵉ corps n'occupent les bords

du Kara-Agatche déré que jusqu'à Lulé-Bourgas exclusivement, la division de cavalerie a donc à occuper, pour défendre la ville, tout le terrain qui s'étend jusqu'à l'Erghéné, soit un front de 6 kilomètres. Or, la cavalerie n'est pas une arme à laquelle convient la défensive ; elle est peu faite pour s'accrocher au terrain et le tenir contre une infanterie nombreuse, appuyée par des canons. Nous étions d'autant moins capables de remplir l'importante mission dont on nous avait chargés que notre effectif déjà faible avant l'entrée en campagne était réduit de près de moitié. Nous n'avions guère souffert du feu de l'ennemi, mais les chevaux, après leurs longues épreuves, étaient devenus indisponibles en grand nombre pendant la retraite et avaient dû être abandonnés. Il va sans dire que nous n'avions ni dépôt de remonte mobile, ni aucun autre moyen de remplacer les animaux perdus ou inutilisables, dont les cavaliers avaient été évacués sur l'arrière. Le 29 octobre, nos cinq régiments ne pouvaient mettre en ligne plus de 150 lances et 500 sabres ; les sections de mitrailleuses et l'artillerie étaient au complet.

En chargeant Salih pacha de tenir une position aussi importante et aussi étendue que celle de Lulé-Bourgas avec d'aussi faibles éléments, il eût fallu, de toute évidence, pour lui permettre de s'acquitter de cette tâche ingrate, lui adjoindre une brigade d'infanterie et un groupe de batteries : c'était là un strict minimum. Or, nous ne vîmes arriver pour tout renfort que deux bataillons de rédifs, troupes d'une valeur militaire plus que médiocre, et pas un seul canon. Dans ces conditions, notre chef devait renoncer à prolonger sa ligne jusqu'à l'Erghéné, appui naturel de son aile gauche, et se borner à défendre les abords immédiats de la ville. Notre situation se trouvait d'emblée très précaire, puisque notre flanc gauche restait découvert, absolument en l'air.

Nous nous levons à l'aube, par un froid très vif et sans rien à manger. Le quartier général nous a fait connaître que l'intendance ne peut procéder au ravitaillement quotidien et que les troupes doivent prendre des mesures pour vivre sur le pays; or, les environs de Lulé-Bourgas, où sont venus se rallier les trois quarts de l'armée transformée en cohue, ont été réduits à l'état de désert. Nos régiments restés à l'arrière-garde sont arrivés les derniers; la curée était faite et ils ont été les plus mal servis. Aujourd'hui, nous allons à la bataille sans rien à nous mettre sous la dent, mais les cavaliers, qui ont toujours observé la plus exacte discipline et n'ont pas quitté le rang, font preuve d'un excellent moral. Le canon tonne déjà sur toute la ligne, au nord, mais avec moins d'intensité qu'hier (1).

Salih pacha, de son quartier général de Lulé-Bourgas, prend ses dispositions. Il maintient l'artillerie sur la rive gauche du Kara-Agatche déré en avant de Bedir-Keuy, porte un des bataillons de rédifs, celui d'Etrenos, sur la crête à l'ouest de la ville ; à 8 heures, la division de cavalerie, qui a quitté son bivouac de Bedir-Keuy, défile sur le pont et va se masser en position d'attente au pied des pentes derrière la ligne d'infanterie ; le deuxième bataillon de rédifs, constituant la réserve, borde la rive gauche du cours d'eau et la lisière de la ville. A 11ʰ 30, nos reconnaissances signalent deux colonnes bulgares, l'une venant de Sartchal et se dirigeant droit sur la position occupée par notre bataillon de première ligne, la seconde d'Aïvali marche vers la gauche du 4ᵉ corps qui couvre notre droite.

Salih pacha et son quartier général montent

____

(1) Nos munitions d'artillerie commençaient à s'épuiser ; quant aux Bulgares, malgré la consommation énorme du 28, ils étaient encore bien approvisionnés, car leur feu continua d'une manière uniforme.

à cheval et se rendent sur la position menacée; deux escadrons (un du 1er, un du 3e régiment) ont prolongé la gauche des rédifs, la carabine à la main; une de nos sections de mitrailleuses forme l'extrémité de la ligne. Le combat est engagé sur tout le front, et, malgré la distance, on tire aux limites de la hausse; cavaliers et fantassins éprouvent quelques pertes. On voit alors un flottement se produire chez les rédifs. Non seulement les blessés, mais de petits groupes de soldats parfaitement valides se retirent en passant devant le front des escadrons massés en seconde ligne. Les officiers de rédifs ont l'idée saugrenue de tirer des coups de feu sur ces hommes et mettent ainsi nos chevaux en grand péril. Je vais leur dire de cesser ce jeu et nous formons des patrouilles de cavaliers qui courent à la poursuite des fuyards et les ramènent à leur compagnie.

Je rejoins ensuite le général que je trouve à l'extrémité de la ligne, près des mitrailleuses, un fusil à la main, faisant le coup de feu contre l'ennemi avec le colonel Veit. Notre tir ralentit à peine la marche de l'infanterie bulgare; elle avance par bonds successifs en une longue ligne de tirailleurs, que des renforts grossissent continuellement. Nous apercevons très nettement les fantassins courir, se coucher, puis, après un tir plus ou moins prolongé, se relever, prendre leur intervalle d'un pas en étendant horizontalement le bras jusqu'à l'épaule du voisin, puis reprendre leur course.

Il est manifeste que nos carabines, pas plus que les fusils des rédifs, fort médiocres tireurs, ne réussissent pas à arrêter les progrès de l'ennemi. Pour comble de malheur, la colonne bulgare qui s'est portée d'Aïvali sur la gauche du 4ᵉ corps, n'a pas rencontré plus de résistance ; son feu nous prend d'écharpe et menace les chevaux et les unités restées en réserve. Le général se rend parfaitement compte de la situation critique où nous nous trouvons et il prend une résolution énergique en se décidant à charger l'ennemi. A cheval ! Je cours à mon escadron et prends place derrière le colonel. La division marche d'abord vers le sud, parallèlement à la crête qui masque son mouvement. Voici sur notre droite une dépression propice pour déboucher du couvert. Les commandements se croisent ; la masse d'hommes et de chevaux converse et prend sa formation de combat ; les 3ᵉ et 1ᵉʳ régiments en première ligne, le 4ᵉ en soutien derrière eux, la 3ᵉ brigade (9ᵉ et 11ᵉ régiments) marche en échelon à gauche. A peine notre ligne formée, nous prenons le trot. Les Bulgares, à 1.5oo mètres de nous, semblent d'abord ne pas nous voir. Soudain une mitrailleuse ouvre le feu sur nous, puis toute la ligne de fantassins. Les balles sifflent, un peu haut me semble-t-il, mais bientôt j'entends derrière moi un bruit de ferraille singulier : ce sont les projectiles qui commencent à porter. L'allure s'accélère jusqu'au galop. Un son mat retentit sur l'encolure de ma jument ; je la crois blessée, ce n'est heureusement qu'un caillou soulevé par une balle qui a ricoché sans lui faire de mal.

Je me félicite de voir ma brave bête indemne et serre la poignée de mon sabre pour aborder l'ennemi dont nous n'étions plus qu'à 5oo mètres, lorsque j'aperçois le signal de demi-tour par pelotons. Ainsi la charge a échoué. Nous regagnons l'abri de la crête ; un grand nombre des nôtres sont restés sur le terrain. Le colonel me détache en avant pour chercher un point de passage à travers le Kara-Agatche déré ; ma bonne jument saute gaillardement dans le courant ; elle a pied partout. Je fais signe au colonel qui passe l'obstacle suivi de tout le régiment en file indienne. Ce mouvement s'exécute en ordre parfait, mais prend un bon quart d'heure. Le reste de la division a franchi la rivière en aval.

Salih pacha ordonne à nos régiments de se

rallier derrière la gare de Lulé-Bourgas. Les mitrailleuses doivent suivre la cavalerie, et, en dernier lieu, le bataillon doit se replier sous la protection de sa réserve. Tous ces mouvements s'exécutent avec beaucoup de calme, mais sans aucun ordre, sauf en ce qui concerne notre 3e brigade, qui utilise vraiment le terrain, grâce aux dispositions prises par son chef, Hamdi bey. La 1re brigade (la mienne) évolue comme si elle se préparait à une parade sur le terrain de manœuvre ; elle a l'air de dire à l'ennemi : « Me voilà, Monsieur le chef de batterie, qu'attendez-vous pour me mitrailler ? » Nous sommes exténués, une grande partie de nos officiers sont blessés, nos pertes sont graves en hommes et en chevaux.

Le colonel Hassan bey me prescrit de me tenir auprès du général. Je rejoins Salih pacha au nord de la gare, sur la chaussée conduisant à la ville. Le général appuie sa lunette sur mon épaule pour examiner le terrain et la marche de l'adversaire. Il expédie un rapport au commandant du 4e corps et lui fait savoir que, malgré tous nos sacrifices, Lulé-Bourgas est perdu. A ce moment — il est juste 2h 15 — un shrapnell éclate sur la gare, un deuxième le suit, un troisième se rompt au-dessus de nos têtes. Le colonel Veit bey émet l'avis de sauter promptement en selle et de nous éloigner au plus vite vers l'est. Les brigades — nos pauvres débris — évoluent déjà dans ce sens. Mais tout le terrain est battu d'une façon continue par trois batteries bulgares. Notre artillerie ne répond pas. L'artillerie bulgare nous a pris tellement à l'improviste, qu'il nous est impossible de prendre une décision quelconque. Impossible également de déterminer l'emplacement des pièces qui nous criblent d'obus à raison de 18 à 20 coups à la minute. Nous assistons alors à un tableau vraiment lamentable. La plume est incapable de décrire ce que nous vîmes à cet instant. A l'est de Lulé-Bourgas, toute une foule de cavaliers, fantassins, chevaux emballés, chariots sans conducteurs, fuyaient pêle-mêle, poursuivis par la mitraille. Les hommes consternés ne cherchaient qu'à échapper à la mort. Les officiers se débattaient en vain pour rétablir un peu d'ordre, mais c'était de leur part une peine inutile, car toute notion de discipline avait disparu.

Salih pacha, qui conserva tout son sang-froid, nous fit signe de le suivre, le colonel Veit, moi et nos ordonnances, nous rangeant derrière lui à larges intervalles. A deux cents pas de notre point d'observation, il y a un cours d'eau, dans

BATAILLE DE LULE-BOURGAS
(28 AU 31 OCTOBRE)
ET LA RETRAITE VERS TCHORLOU

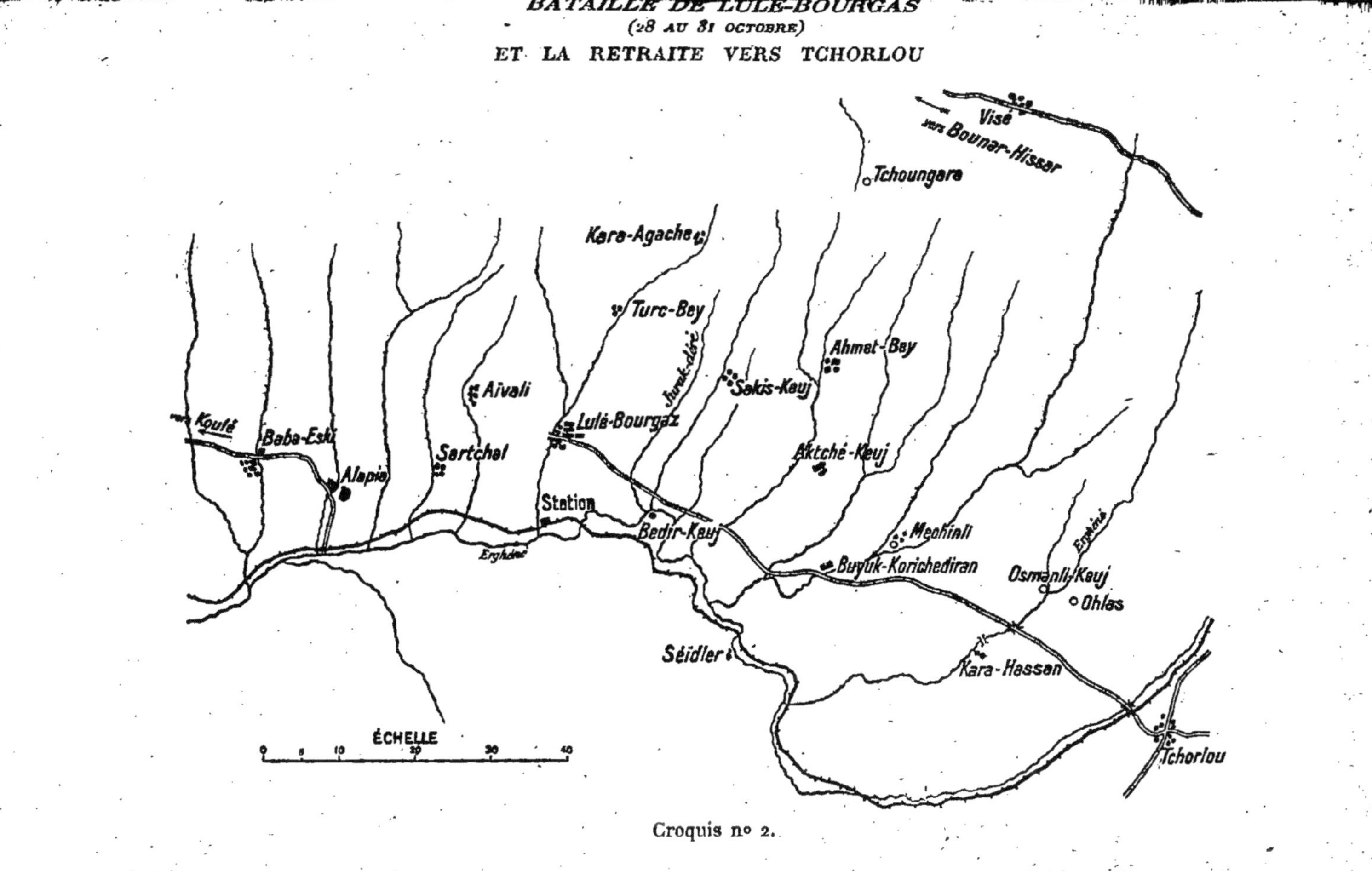

Croquis nº 2.

un ravin à pic. Il faut le traverser pour trouver le salut ; mais l'ennemi ayant repéré cet obstacle, il y dirige une grande partie de ses projectiles, ce qui augmente davantage les difficultés du passage. Le talus ne présente pas moins de 75° de pente et 15 mètres de hauteur ; mais il n'y a pas à hésiter ; nous poussons nos chevaux ; heureusement la terre est très douce et nos bêtes prennent solidement pied ; néanmoins, dans aucun rallye-paper on n'oserait aborder un pareil obstacle ; mais le shrapnell a une force surnaturelle qui fait accomplir les choses les plus insensées.

Une fois au bas du talus, il faut passer le cours d'eau, qui est assez profond ; en un bond, Kara-Chébek saute dans le ruisseau et, après une courte natation, nous voilà sur la rive opposée. Le général est un admirable cavalier ; il conduit sa monture comme une machine. A partir de cet instant, nous sommes dans un véritable enfer ; la mort est partout autour de nous. Nous sommes là, le général, quatre officiers et quelques ordonnances ; pour le moment, c'est tout ce qui reste de la division de cavalerie. Nous galopons toujours ; j'entends à ma droite un formidable fracas : c'est un cheval de mitrailleuse qui est atteint par un shrapnell et vole en l'air avec ses caissons de munitions. Ni le général, ni le colonel Veit, ni moi, ni nos ordonnances ne sommes atteints. Encore quelques minutes de galop, et nous voilà en sécurité. Le général s'arrête, se tourne vers nous :

— Pas de mal, mes enfants ? nous dit-il. Nous répondons tous à la fois : « Non, mon Général. » Il serre la main de chacun de nous et nous dit, très ému :

— Ramassons maintenant nos débris : point de ralliement au village de Karichederan.

Je vais vers Bedir-Keuy pour communiquer l'ordre du général au commandant d'artillerie. Salih pacha s'éloigne triste et songeur dans la direction du quartier général d'Abdoullah pacha pour lui faire part de notre désastre.

Ma mission terminée, je prends la route de Karichederan. Je marche maintenant au milieu d'une foule confuse échappée à la mort, gémissant de douleur, l'un tenant par le bras un camarade blessé, l'autre portant sur le dos un moribond ensanglanté. Que de plaintes j'ai entendu exhaler par ces malheureux dans cette triste nuit du 29 au 30 octobre, sur la longue route de Lulé-Bourgas à Karichederan !.....

*
* *

3o octobre.

Dans la nuit, la division s'est rassemblée péniblement au village de Karichederan. Les grands feux allumés par les premiers arrivants ont servi de signal de ralliement à la cavalerie dispersée.

Salih pacha a passé la nuit auprès du général en chef à Sakis-Keuy. Il vient nous rejoindre à 8 heures du matin et nous fait savoir que notre droite tient toujours bon, que, de nouveau, nous avons la mission de protéger l'aile gauche et la route de Tchorlou.

A 9 heures, la division, qui ne présente tout au plus que l'effectif d'un régiment, — mon escadron est réduit à 15 hommes, — se met en route pour aller se poster en position d'attente sur la rive gauche du Yuruk déré, à cheval sur la chaussée de Lulé-Bourgas.

Le front de l'armée turque conserve la même disposition que la veille ; la cavalerie bulgare est signalée vers Seidler.

Dans l'après-midi, le front du 4e corps subit un changement et s'oriente vers l'ouest—sud-ouest.

Nous apprenons tard dans la soirée que Chewket Tourgout pacha (2ᵉ corps) a énergiquement attaqué Kara-Agatche. Mahmoud Moukhtar, qui était en réserve à Visa, marche sur Bounar-Hissar.

De notre côté, nous tenons bon sur nos positions, et nous passons la nuit près de Bedir-Keuy, sous la protection des avant-postes d'infanterie.

* * *

31 octobre.

Nous mourons de faim ; depuis Lulé-Bourgas, officiers et troupes n'ont rien mangé ; nous sommes dans un état de surexcitation aiguë.

Le gros de la division est resté avec le général du côté de Sakis-Keuy. A 7 heures, nous montons à cheval et nous allons occuper notre position de la veille. L'ennemi nous a découverts pendant que nous gravissions une côte pour arriver sur la route ; en un instant, nous sommes sous une pluie de shrapnells. Nous subissons quelques pertes. Ma monture est blessée, mais, heureusement, ce n'est pas Kara-Chebek, je l'avais laissée, pour se reposer, avec les chevaux de main.

Une de nos reconnaissances nous signale la marche d'une colonne ennemie vers l'est, parallèlement à la voie ferrée. Nous nous portons dans cette direction et nous constatons, en effet, que quelques bataillons avec de l'artillerie suivent la route de Seïdler.

Le colonel Hassan bey m'envoie auprès du commandant du 4e corps pour le mettre au courant de ce fait. Pendant que je galope à travers champs, je constate que nos lignes de tirailleurs rétrogradent vers l'est. Nous sommes, paraît-il, débordés par des forces supérieures. L'artillerie bulgare tire sans relâche, mais elle ne paraît pas nous causer grand mal. Un projectile éclate tout près de moi; je suis aveuglé par la poussière qu'il soulève; je n'ai pas été atteint; néanmoins, la commotion a été très forte. Je perds du sang par le nez et les oreilles, je chancelle sur ma monture; des fantassins viennent me secourir; on me couche sur le dos, on me fait boire un peu d'eau; quelques instants après, je reviens à moi. Je ne saurais décrire la sensation que j'ai éprouvée à ce moment (1).

C'est la seconde fois de la journée que j'é-

---

(1) Après sept mois, je ne suis pas encore guéri de l'ébranlement nerveux que j'ai ressenti et mes mains sont affectées d'un tremblement presque continuel.

chappe de bien près aux projectiles de l'artillerie bulgare. J'arrive enfin auprès d'Abouk pacha, je le mets tant bien que mal au courant de la situation au sud de la voie ferrée. Il nous ordonne de tenir ferme sur notre position, afin de couvrir la retraite de son infanterie. Je rejoins mon régiment dans un état d'épuisement complet.

Nos batteries ouvrent le feu et arrêtent un moment la progression de la colonne bulgare. Deux de nos escadrons ont mis pied à terre et sont déployés en tirailleurs. Nous combattons très énergiquement, malgré l'insuffisance de nos forces. Aucune fraction d'infanterie n'est venue nous donner un coup de main ; vers les 3 heures, la colonne bulgare est attaquée par 3 bataillons, venus de la station de Seïdler, sous le commandement du chef de bataillon breveté Édib bey, qui arrêtent ses progrès.

Le 31 octobre est encore une journée très honorable pour la cavalerie turque. Nous sommes en première ligne depuis trois jours, exténués de fatigue et de faim, sans cesse fouettés par la mitraille, et à peine en état de nous tenir en selle, mais luttant malgré tout à cheval et à pied, contre des éléments dix à quinze fois supérieurs, qui menacent de déborder notre infanterie et de tomber sur notre ligne de retraite.

Salih pacha, ayant su nos efforts surhumains pour protéger l'aile gauche, est venu à la hâte du quartier général du généralissime pour féliciter ses régiments. Nous étions très émus de voir notre chef parmi nous, sous le feu ennemi, embrasser un cavalier et nous dire : « Officiers, gradés et cavaliers, je suis fier de commander à des troupes comme vous. Dans ces trois jours de combat ininterrompu, vous vous êtes conduits comme des héros d'épopée. Le destin ne nous a pas souri, mais vous, vous avez fait plus que votre devoir. Je ne vous en dis pas davantage, l'histoire se chargera de faire votre éloge à la postérité. »

L'aile gauche turque est maintenant en retraite vers l'est ; nous formons l'arrière-garde, et par le combat à pied bien compris et bien dirigé, nous arrêtons à chaque instant les têtes de colonnes ennemies en les obligeant à se déployer ; nous faisons ainsi gagner du temps à notre infanterie, qui peut effectuer sa retraite sans précipitation.

Nous nous retrouvons bientôt à Karichederan ; la nuit tombe et nous poussons jusqu'au village de Mechinli. Nous établissons notre ligne d'avant-postes à l'ouest de Karichederan. Nous sommes heureux de trouver de la volaille et quelque nourriture à Mechinli, car si nos hommes étaient restés encore cette nuit à jeun, le lendemain ils n'auraient sûrement pas pu reprendre le combat.

Mechinli est un des plus riches villages de la Thrace. Ses habitants sont des Grecs. Depuis deux jours, la localité est vide, la population s'est enfuie à Tchorlou. Dès notre arrivée, chacun de nous s'installe, le plus confortablement possible, dans une maison. Mon escadron est bien cantonné, les chevaux ont de l'orge et de la paille en abondance. Les hommes vont pouvoir se reposer et manger à leur aise; rien ne nous manque, pas même le café. A 9 heures, je sors pour aller prendre les ordres du colonel afin de les rédiger pour le lendemain; je rencontre dans la rue le major vétérinaire du régiment, mon ami Mahmoud bey. Il n'est pas débrouillard; il me dit qu'il cherche depuis une heure un endroit pour s'installer et ne trouve rien. Je l'invite chez moi, je lui indique la maison, et, un instant après, je suis de retour de chez le colonel. Suivant son habitude, Mahmoud bey est gai, malgré les malheurs qui nous accablent. Mal remis de mon étourdissement, la joyeuse humeur de mon compagnon me remet d'aplomb. Après un abondant dîner, nous allumons nos cigarettes pendant que le fidèle Mehmet prépare le café. L'avenir nous paraît moins sombre. Nous causons de la guerre, des chances qui nous restent, de l'état du régiment, puis, involontairement, nos souvenirs se reportent vers un passé plus heureux, vers Constantinople, vers nos promenades aux Eaux-Douces... et nous nous endormons pour nous réveiller le lendemain à 8 heures.

*
* *

1er novembre.

Quelle nuit réparatrice! Je me lève tout ragaillardi. Les rapports des avant-postes ne signalant aucune activité chez l'ennemi, le régiment passera la matinée au repos. Mahmoud bey est allé à la visite des chevaux; je me mets donc seul à table et fais grand honneur aux œufs sur le plat, à la soupe paysanne, à la dinde rôtie que Mehmet me sert tour à tour.

A 12ʰ 30, le colonel me fait mander auprès de lui, et me communique l'ordre suivant pour le transmettre aux escadrons :

« 1º La cavalerie ennemie s'avance vers Karichederan ;

« 2° La division se rassemblera immédiatement à l'issue ouest de Mechinli ;

« 3° Mission de la division : attaque à fond, afin d'éloigner l'adversaire de la route de Tchorlou. »

Nous voilà partis au galop. Nos éclaireurs ont déjà pris le contact et nous avisent de la marche d'une brigade de cavalerie vers l'est.

Nous prenons la formation de masse par brigade et avançons en nous défilant à la faveur des plis de terrain. Nous apercevons l'ennemi : vite, chaque régiment en bataille. Toutes nos forces réunies représentent à peu près un régiment ; mais peu importe, après le repos de la veille, nous sommes en état de faire très bonne contenance. Nous avançons par échelons, la droite en avant, sur la colonne ennemie ; elle s'arrête un moment ; nos batteries ouvrent le feu ; elle se déploie en ordre dispersé et n'a pas l'air décidée à nous attaquer. Nous avançons toujours, nous prenons le trot pour arriver à distance de charge, mais l'ennemi fait demi-tour ; étant donnée sa formation, notre artillerie ne lui fait pas grand mal ; il s'éloigne cependant et nous nous mettons à sa poursuite, mais en vain.

Je comprends de moins en moins le rôle de la cavalerie bulgare. L'armée turque fut deux fois battue, mais jamais poursuivie ; il n'est pas permis à la cavalerie de manquer des occasions pareilles. Avec une poursuite à fond, nous n'aurions pas pu nous reformer après Lulé-Bourgas. Nous savons qu'il existe une division de cavalerie indépendante bulgare, mais nulle part son action ne se fait sentir.

Après Sul-Oglou, après Lulé-Bourgas, cette division aurait dû se montrer un peu plus active ; mais nos arrière-gardes n'ont jamais été inquiétées pendant les retraites. Pourtant, l'armée bulgare a fait preuve d'une organisation et d'une discipline parfaites ; comment se fait-il que son état-major n'ait pas su employer sa cavalerie ?...

Jusqu'au soir nous protégeons la chaussée de Tchorlou et nous nous retirons vers 6 heures au village d'Ohlas.

Pendant que nous marchons vers l'est nous constatons un sérieux engagement sur notre droite, au loin. C'est probablement notre centre, le 2ᵉ corps, qui est aux prises avec une partie de la 3ᵉ armée bulgare.

Ohlas est un ramassis de maisons en ruines. Pas la moindre bicoque pour s'abriter ; nous devons passer la nuit au bivouac, et, par malheur, le temps se gâte ; il commence à pleuvoir

à verse. De nouveau, je me sens très souffrant ;
ma commotion d'avant-hier me cause une fièvre
très forte. Je suis heureux d'avoir auprès de
moi mes amis le capitaine des mitrailleuses
Mourad bey et son jeune lieutenant Emine bey,
qui me donnent tous les soins possibles.

*
* *

2 novembre.

A l'aube nous nous portons vers le nord, nous
avons pour mission de surveiller les deux ponts
de l'Erghéné par lesquels la grande chaussée de
Tchorlou, ainsi que la route parallèle, aboutis-
sent au réseau routier du sud-est de la Thrace.

Après avoir établi nos postes de sûreté vers
l'ouest, nous bivouaquons avec le gros à Osmanli-Keuy.

Le temps est affreux, la pluie ne cesse de
tomber. Je souffre beaucoup ; le général, toujours d'une amabilité sans pareille avec ses officiers, me retient dans la pièce où il est logé. Le
colonel Youssouf bey, notre chef d'état-major,
veut bien s'intéresser à mon état. Le capitaine
Nazim bey me donne du pain frais, le lieutenant

Djemil bey m'apporte du chocolat, le colonel Veit m'offre un cigare ; je suis, pour le moment, l'enfant gâté de la division. Je conserverai toujours un souvenir reconnaissant des attentions de tous mes camarades. D'ailleurs, la plus parfaite entente a toujours régné parmi les officiers de la division de cavalerie. Nous n'avons jamais eu non plus à nous plaindre de la discipline des hommes. La troupe avait pris les habitudes de ses officiers et, même dans les moments de surexcitation, les cavaliers de tous nos régiments se conduisaient, vis-à-vis les uns des autres, sans distinction de race ni de religion, avec la plus grande correction. Nous n'étions certes pas gais, nous avions des motifs sérieux pour être tristes, mais du général au dernier trompette nous partagions cette tristesse dans un même sentiment de camaraderie et même d'amitié.

*
* *

.3 novembre.

Nous avons eu aujourd'hui une fausse alerte. C'est la première fois, depuis que nous sommes en campagne, que pareille chose nous arrive, mais cet incident fâcheux, qui provient de l'erreur d'un jeune brigadier affolé, a causé la mort d'un de nos camarades.

Ce brigadier, qui commandait un poste en avant du pont de l'Erghéné, nous signale la marche d'une colonne de cavalerie menaçant le pont. Nous nous portons précipitamment à la tête du pont, que nous occupons en force. Le général désire toutefois pouvoir disposer d'un second passage. Il ordonne, dans ce but, de reconnaître un endroit guéable.

Mon camarade Salih bey se lance dans le fleuve, il avance lentement ; nous croyons un moment qu'il va atteindre la rive opposée, mais tout à coup sa monture perd pied, fait des efforts inouïs pour retrouver le fond ; nous voyons cheval et cavalier entraînés par le courant, Salih (1) abandonne les rênes et veut se dégager, mais ses efforts sont inutiles ; ils enfoncent dans l'eau et disparaissent à jamais.

Nous assistons à cette scène avec une consternation inexprimable, d'autant plus qu'il nous est impossible de porter secours à notre camarade ; il meurt victime de son imprudence, car

____

(1) Ce jeune lieutenant n'a aucun lien de parenté avec le général, malgré la ressemblance de leurs noms.

il aurait pu échapper s'il n'avait eu les pieds engagés dans les étriers.

La Turquie perd un héros de plus, enseveli dans les eaux de l'Erghéné.

Nous constatons bientôt qu'un régiment de cavalerie marche sur nous, mais c'est un régiment faisant partie de notre division, qui avait été chargé la veille de faire le service de sûreté éloignée.

A l'état-major de la division, tout le monde était d'avis de punir très sévèrement le brigadier, mais le général, toujours bon avec son personnel, se contenta de dire :

— Messieurs, une fausse alerte vaut mieux qu'une inattention ; l'incident est clos.

Vers 1 heure, nos reconnaissances d'officiers nous signalent l'ennemi bien au loin, vers Lulé-Bourgas ; sa cavalerie est introuvable.

Une fois au courant de la situation, le général rit de bon cœur et nous dit :

— Puisque la cavalerie bulgare ne se donne pas la peine de venir nous voir, allons à sa recherche, cela nous distraira un peu.

Nous nous portons sur Karichederan ; le village est vide. Mon régiment va passer la nuit à Aktché-Keuy. Le quartier général et le gros de la division restent plus à l'est, à Yeniler.

Dans cette nuit du 3 au 4 novembre toute l'armée turque est en retraite sur Tchataldja ; la division de cavalerie occupe une position d'arrière-garde très en l'air, mais sans aucune raison tactique et tout simplement par bravade. Il ne faut pas nous en blâmer, l'arme a des traditions ; nous brûlons d'en venir aux mains avec les cavaliers bulgares, mais l'occasion ne se présente pas.

*\
* *

4 novembre.

Mes camarades les officiers de la 1re section de mitrailleuses m'ont invité à passer la nuit avec eux. Leurs fontes étaient suffisamment garnies ; en outre, nous avons préparé la soupe avec un chou que mon ordonnance avait cueilli en passant près des jardins de Mechinli.

A 8 heures du matin, le 4e escadron part en reconnaissance dans la direction de Lulé-Bourgas. Nous n'avons toujours pas de renseignements sur la cavalerie ennemie.

Le général nous fait dire de conserver notre position jusqu'à nouvel ordre.

Le 4e régiment de cavalerie, qui est avec

nous, a détaché un poste d'observation à Sakis-Keuy. L'officier commandant ce poste signale une colonne en marche sur Seraï.

Un moment après nous distinguons, en effet, une forte colonne d'infanterie s'avançant parallèlement à notre front. C'est probablement une fraction de la 1re armée bulgare, qui va renforcer la 3e, très sérieusement éprouvée ces derniers jours.

Quel malheur que nous n'ayons pas d'artillerie à proximité, c'est une chance qui s'offre très rarement et nous ne pouvons pas en profiter.

Malgré les privations, les hommes sont dans de très bonnes dispositions ; ils sont un peu énervés de rester dans l'inaction.

A 4 heures, un officier d'ordonnance vient nous dire de rejoindre le gros de la division à Méchinli. Là, nous recevons l'ordre d'aller passer la nuit à Kara-Hassan, où nous arrivons après trois heures de marche.

Notre mission ultérieure consiste à interdire à la droite bulgare le passage de l'Erghéné.

*
* *

5 novembre.

Le pont de l'Erghéné, sur la chaussée de Tchôrlou à Lulé-Bourgas, est occupé par nos deux sections de mitrailleuses. Jusqu'à nouvel ordre, nous devons à tout prix interdire le passage du fleuve.

Je vais mettre à profit cette journée pour résumer du mieux que je puis les renseignements que j'ai pu recueillir sur la bataille de Lulé-Bourgas.

Le 28 octobre, une division de la 3e armée bulgare attaqua Bounar-Hissar, qui n'était défendu que par la cavalerie du 3e corps turc, d'un effectif bien insignifiant. Cette division, après s'être emparée de Bounar-Hissar, se mit en marche sur Visa et fut arrêtée par des fractions du 3e corps, du côté de Soudjak.

Nous savons déjà que le plan d'Abdoullah pacha consistait à former pivot à gauche, à Lulé-Bourgas, à résister au centre, du côté de Kara-Agatche, et à attaquer la gauche bulgare par une vigoureuse offensive du 17e corps, nouvellement arrivé, et du 3e encore en seconde ligne à l'extrême droite.

Le 29 octobre à midi, la bataille est engagée sur tout le front de Kara-Agatche à Turk-Bey et de Turk-Bey à Lulé-Bourgas. C'est pendant cette journée que notre division de cavalerie a dû évacuer Lulé-Bourgas.

Dans la soirée, Abouk pacha reprend l'offensive, rejette les Bulgares à l'ouest de la ville et se retire lui-même sur sa première position.

Sur la droite, il n'y a que quelques fractions du 3ᵉ corps qui ont participé au combat.

Au centre, à Kara-Agatche, le combat a présenté trois phases distinctes :

1° Dans l'après-midi, les Bulgares gagnent du terrain ;

2° Vers le soir, le 2ᵉ corps (Chewket Tourgout pacha) les refoule à l'ouest ;

3° Dans la nuit, les Bulgares reprennent l'offensive et réoccupent le terrain perdu.

Du centre à l'aile gauche, toutes nos forces sont entrées en ligne ; nous n'avons aucune réserve en arrière.

Dans la matinée du 31, l'action ennemie se dessine plutôt sur notre gauche. C'est le 4ᵉ corps qui reçoit le choc des troupes nouvellement arrivées sur le champ de bataille. Il cède le terrain et s'établit plus en arrière en position défensive.

Abdoullah pacha est très imparfaitement renseigné sur ce qui se passe. Quoique chaque division soit munie de 5o kilomètres de fil téléphonique, la liaison n'existe nulle part, et c'est seulement à l'aide d'estafettes et d'officiers d'ordonnance que le commandant en chef peut se tenir au courant des événements.

Dans l'après-midi, le 2ᵉ corps tente une nouvelle attaque sur Kara-Agatche ; mais il est bientôt refoulé sur ses positions, après avoir subi des pertes incalculables.

Le 3ᵉ corps, qui doit exécuter le mouvement tournant sur l'aile gauche bulgare, n'est pas plus heureux que le 2ᵉ.

Abdoullah veut à tout prix s'emparer de Bounar-Hissar ; il ordonne à Mahmoud Moukhtar de renouveler ses efforts. Il combine une offensive simultanée des 3ᵉ et 2ᵉ corps. L'attaque s'effectue, mais le 2ᵉ corps, à bout de forces, est obligé de se retirer, et nous sommes définitivement battus.

La nuit arrive et la bataille cesse à l'avantage des Bulgares.

Vers minuit, une colonne ennemie se porte sur Turk-Bey et refoule le 1ᵉʳ corps turc.

Pour la deuxième fois l'offensive a échoué.

Dès lors, le seul parti qui nous reste est d'entraver autant que possible la poursuite et de gagner promptement la ligne de Tchataldja pour y organiser une position défensive, afin de couvrir Constantinople.

La brigade légère d'Ibrahim bey, qui a passé de la gauche à la droite de l'armée, est chargée de la même mission retardatrice que nous, elle opère sur le front du 3e corps, du côté de Seraï et Strandja.

Je reste jusqu'au soir avec les officiers du quartier général. Le général ainsi que sa suite sont installés dans une maison de fermier, nue et sans aucun confort.

Il y a là un correspondant anglais, qui est arrivé la veille ou le matin, je ne sais au juste. Nous éprouvons bien des difficultés à causer avec lui; il ne sait pas le français et nous ne comprenons pas l'anglais. Je ne me rappelle plus son nom; il était très complaisant et ne cessait de préparer avec beaucoup d'art des tasses de chocolat, que nous avalions d'un trait.

Pendant une heure le chef d'état-major m'a fait écrire des ordres et des rapports. D'après un ordre qu'il m'a dicté, une de nos batteries doit immédiatement se rendre à Tchorlou pour être embarquée dans un des premiers trains à destination de Tchataldja.

A 3 heures de l'après-midi, nous avons de

nouveau une fausse alerte. Je saute à cheval pour rejoindre mon régiment et rendre compte au colonel.

On nous signale une brigade de cavalerie en marche vers l'est, suivant la grande chaussée. Le général donne l'ordre de l'attaquer. Nous nous portons au galop jusqu'à hauteur du pont, qui est à 2 kilomètres de nos cantonnements, et, au moment où nous allons passer sur la rive droite, un de nos éclaireurs vient nous aviser que c'est un de nos régiments qui avance sur nous.

Cette fois, le général est furieux ; il fait des reproches très durs à un colonel qui a expédié le renseignement sans se donner la peine de le contrôler. Enfin, nous rentrons au village et nous préparons tranquillement la soupe du soir.

Je passe une très mauvaise nuit : une crise de rhumatisme m'a tourmenté sans répit ; en outre, une opération que j'avais subie dans le nez quelque temps avant la guerre, à Constantinople, ne s'est pas bien cicatrisée et j'ai beaucoup de mal à respirer. J'attends le matin avec impatience.

CHAPITRE V

DE LULÉ=BOURGAS A TCHATALDJA

———

6 novembre.

A 9 heures nous quittons le village de Kara-Hassan à destination de Tchorlou, où nous avons encore mission de protéger les routes de Constantinople et de couvrir la retraite de toute notre infanterie en marche sur Tchataldja. La veille, le peloton du génie a fait sauter les ponts de l'Erghéné. Néanmoins, nous avons lancé des reconnaissances du côté de Lulé-Bourgas, qui nous envoient des renseignements précisant la marche des colonnes ennemies sur Tchorlou et Uzun-Hadji.

Il fait un froid glacial, on a peine à tenir les brides. Nous sommes maintenant constitués en colonne de route et en marche sur Tchorlou.

Nous avançons lentement sur les traces de l'armée, en déroute pour la deuxième fois. Un pâle soleil d'hiver éclaire tristement cette morne et immense plaine noire de Tchorlou, où, çà et là, on voit un cadavre de cheval, une pièce abandonnée, un caisson défoncé, un soldat, épuisé par la fatigue ou les blessures, tombé à bout de forces et ne pouvant même pas implorer du secours.

A quelques centaines de mètres de nous, des corbeaux et des vautours dépècent les restes ensanglantés des milliers de héros morts pour la patrie, auxquels, avec un peu de prévoyance, on aurait pu conserver la vie.

La route — si on peut donner ce nom à la fondrière dans laquelle nos chevaux pataugent jusqu'aux genoux — est jalonnée de toutes sortes d'objets d'équipement, jetés pêle-mêle par leurs propriétaires, désireux de s'alléger. Tout ce matériel semé sur les chemins par notre armée représente des millions d'impôts impitoyablement arrachés à notre malheureuse nation. On ne voit que des marques de fabrique allemandes et à chaque moment je pense à nos emprunts engloutis à Berlin. J'ai la rage au cœur, j'en veux à tout le monde et à moi-même...

C'est à nous, les officiers de l'armée turque, à assumer une large part de la responsabilité de nos désastres. Nous avons mangé le pain de la nation et nous ne nous sommes pas montrés capables de lui rendre les services qu'elle attendait de nous. En temps de paix, nous n'avons pas su préparer la guerre, nous nous sommes occupés de choses qui ne nous concernaient pas directement ; nous avons cru sauver la Turquie en lui donnant une constitution, mais nous n'avons pas toujours pensé à notre véritable mission, qui était de lui créer une armée forte et instruite...

Après une heure de marche, je vois apparaître au loin à l'horizon les minarets de Tchorlou, sur la colline qui domine la plaine vers l'est.

Un peu plus tard, nous traversons le pont et la voie ferrée et nous passons à côté des casernes d'artillerie pour pénétrer en ville. La station, les aiguilles, les réservoirs d'eau sont tous détruits ; tout ce qui nous entoure a un aspect de désolation et de mort ; on croit voir partout les effets d'un cataclysme. Dès le pont, de longues files de traînards viennent grossir notre colonne : plus nous avançons, plus nos mouvements sont paralysés par la soldatesque sans chefs, sans direction, sans aucun but déterminé, qui afflue vers la ville.

Nous apprenons bientôt que trois bataillons d'infanterie, sous les ordres du commandant breveté Salaheddine bey, ont pour mission de protéger la ville avec nous et de couvrir les routes de Constantinople, pendant la retraite sur Tchataldja. Ces bataillons me font une très bonne impression, la tenue de leurs officiers est parfaite; les cadres sont bien constitués; en un mot, on peut compter sur eux. Je rencontre quelques camarades qui me questionnent sur la situation de l'armée ennemie.

Tchorlou présente le même aspect que Baba-Eski et Lulé-Bourgas, à la veille de leur occupation par l'ennemi, mais avec cette différence que les habitants de Tchorlou, qui sont chrétiens, n'ont pas l'air de s'émouvoir de nos malheurs. Ils ne bougent pas et attendent l'arrivée des Bulgares; néanmoins, ils sont avec nous d'une extrême courtoisie.

Le général et sa suite sont logés à la municipalité; les autres locaux des deux côtés de la grande rue sont réservés aux régiments. On trouve du pain en abondance; la troupe peut préparer un repas chaud.

Mon ami le lieutenant Djelal, du 3e régiment, fils de Djelaleddin pacha, aide de camp de l'empereur Napoléon III, m'offre l'hospitalité. Je vais avec lui visiter sa demeure et suis d'autant plus satisfait qu'il y a de la place, dans une écurie attenante, pour loger ma jument.

Je me sens de plus en plus souffrant, mais je suis décidé à rester avec mon unité, tant que j'aurai la force de me tenir en selle.

Les quelques rares habitants musulmans que nous rencontrons en ville nous demandent ce qu'ils doivent faire; ce sont, en général, des vieillards; nous leur conseillons de se retirer avec l'armée et nous engageons tous ceux qui peuvent porter les armes — ils sont très rares, tous étant déjà enrôlés — à prendre un fusil et à se joindre à nous pour faire leur devoir de vrais patriotes. Nous voyons sur tous ces visages la tristesse et le découragement.

Pendant les manœuvres de 1910, j'avais passé deux nuits à Tchorlou avec le chef d'état-major général, dont j'étais l'aide de camp provisoire. A cette époque, la gaieté battait son plein et j'ai gardé un très bon souvenir de ce séjour. Quel contraste, aujourd'hui; comme la destinée est capricieuse; qui aurait pensé que nous retournerions un jour à Tchorlou, vaincus et en déroute, à peine en état de défendre notre capitale!...

Dans la nuit, vers 1 heure du matin, Djelal

est réveillé par son maréchal de logis de service. C'est son colonel qui le fait appeler. Une demi-heure après il est de retour et m'apprend que Salih pacha, impatienté de connaître la direction prise par les colonnes ennemies, a décidé d'envoyer plusieurs escadrons en reconnaissance; son chef de corps l'a fait demander pour lui faire détacher un peloton, afin de renforcer un escadron qui part. Le capitaine de Djelal étant parti en mission à Constantinople, c'est lui qui a le commandement de l'escadron comme plus ancien lieutenant.

*
* *

7 novembre.

Vers midi, au moment où j'examine ma jument, je vois arriver Djelal en courant :

« A cheval, me crie-t-il, on signale l'ennemi en marche sur la ville. »

Je saute en selle et me dirige vers la demeure du colonel. Je rencontre en route le chef d'état-major de la division; il est seul et m'enjoint de le suivre; je fais prévenir le colonel par un cavalier de mon régiment, et nous nous dirigeons au galop, Youssouf bey et moi, vers les hauteurs qui dominent la gare. Un des bataillons de Salaheddine bey est déjà en position sur la gauche de la chaussée, un second en échelon en arrière; le troisième bataillon forme la réserve, à l'issue est de Tchorlou; il n'y a donc que deux bataillons qui vont immédiatement participer au combat.

Pendant que Youssouf bey inspecte les positions, le capitaine Nazim vient nous rejoindre et nous continuons notre tournée en sa compagnie. Nous distinguons au loin les têtes de colonnes bulgares. Nos reconnaissances n'ont pu déterminer exactement les forces dirigées sur Tchorlou. Nous avançons tous les trois vers la gare, les Bulgares débouchent d'une colline derrière le pont. Ils sont maintenant à 2 kilomètres de nous. Le terrain ne se prête pas à l'observation. Nous retournons vers la ville pour nous porter plus au nord, afin de pouvoir juger de la profondeur des colonnes ennemies.

Deux bataillons bulgares ont déjà traversé le pont, ils se déploient en tirailleurs et le combat s'engage.

Des patrouilles d'éclaireurs ennemis se dirigent sur nos positions par différentes directions. Nous sommes obligés de nous tenir sur nos gardes, car les ondulations du terrain peuvent nous exposer à une surprise désagréable. Nous revenons vers les moulins qui se trouvent à l'est de la gare et nous voyons, de là, venir au-devant de nous des forces assez importantes. Le combat d'infanterie continue toujours ; Salaheddine bey se voit contraint de faire face à des forces qui lui sont très supérieures, mais il résiste énergiquement.

La division de cavalerie est massée à l'est de Tchorlou, sur la route de Silivri.

Nous rentrons dans la ville, où il n'y a plus un soldat ; l'attitude des habitants grecs est franchement hostile. Maintenant que nous sommes seuls, la courtoisie de la veille, et même de la matinée, a disparu ; on nous traite négligemment ; quelques individus se montrent très arrogants. Nazim bey et moi, nous commençons à nous fâcher, mais le chef d'état-major nous conseille le sang-froid.

Je veux profiter de mon passage près d'une auberge pour garnir mes fontes ; je demande s'il a quelque chose à manger, l'aubergiste n'a rien, mais court chercher des vivres au marché ; pendant ce temps-là, il y a pas mal de Grecs qui sont réunis autour de nos chevaux, je suis là seul avec mon ordonnance. De l'endroit où nous sommes, nous voyons tout ce qui se déroule du côté de la gare : le mouvement de la ligne des tirailleurs bulgares avançant progressivement, la retraite régulière des nôtres vers l'est, l'évêque grec, paré de son attirail sacerdotal, avec une grande croix à la main, attendant les Bulgares pour leur souhaiter la bienvenue. Voilà un indice certain des bonnes dispositions des habitants. Aussi, nous avons la précaution de tenir nos armes prêtes. Qui sait si les Grecs ne veulent pas s'offrir le plaisir de nous jouer un mauvais tour ? Enfin, les provisions arrivent et, après avoir encore acheté quelques pains dans une boulangerie voisine, nous rejoignons promptement la division.

Vers 3 heures, notre infanterie est en retraite du côté de Tchanta, sous la protection de la batterie qui était restée attachée à la division, l'autre ayant été embarquée en chemin de fer quelques jours auparavant pour Tchataldja.

La mission de notre division et des bataillons de Salaheddine bey consistant uniquement à couvrir la retraite et à retarder la marche de l'ennemi, notre but n'est pas de défendre Tchorlou à outrance. Le gros de l'armée ayant déjà pris du champ et ne se trouvant plus en péril, Salih pacha fit rompre le combat. Le mouvement

MER NOIRE
Lac de Derkos
Derkos
Tchorlou-Séi
Tchekesse-Keuj
Sinekdi
Ak-Viran
Inghidise
Nakkache-Keuj
Tchilinghire
Vers Tchorlou
Ermechéli
Bergerie
Izzeddine
Tchoukouz-Tchengoul
Chétilan-déré
Bujuk-Kilicheli
Kara-Sinan
Hadim-Keuj
Djudji-Seiban
Rhataldja
Station
Aksa
Phenar
Kadi-Keuj
Elbassan
Omerli
Tchanta
Silivri
Echelle
0   5   10   15   20 Km.
MARMARA
Grand Tchekmedjé
Vers Constantinople
San-Stefano
+ Ouvrages de défense
Orient-Express

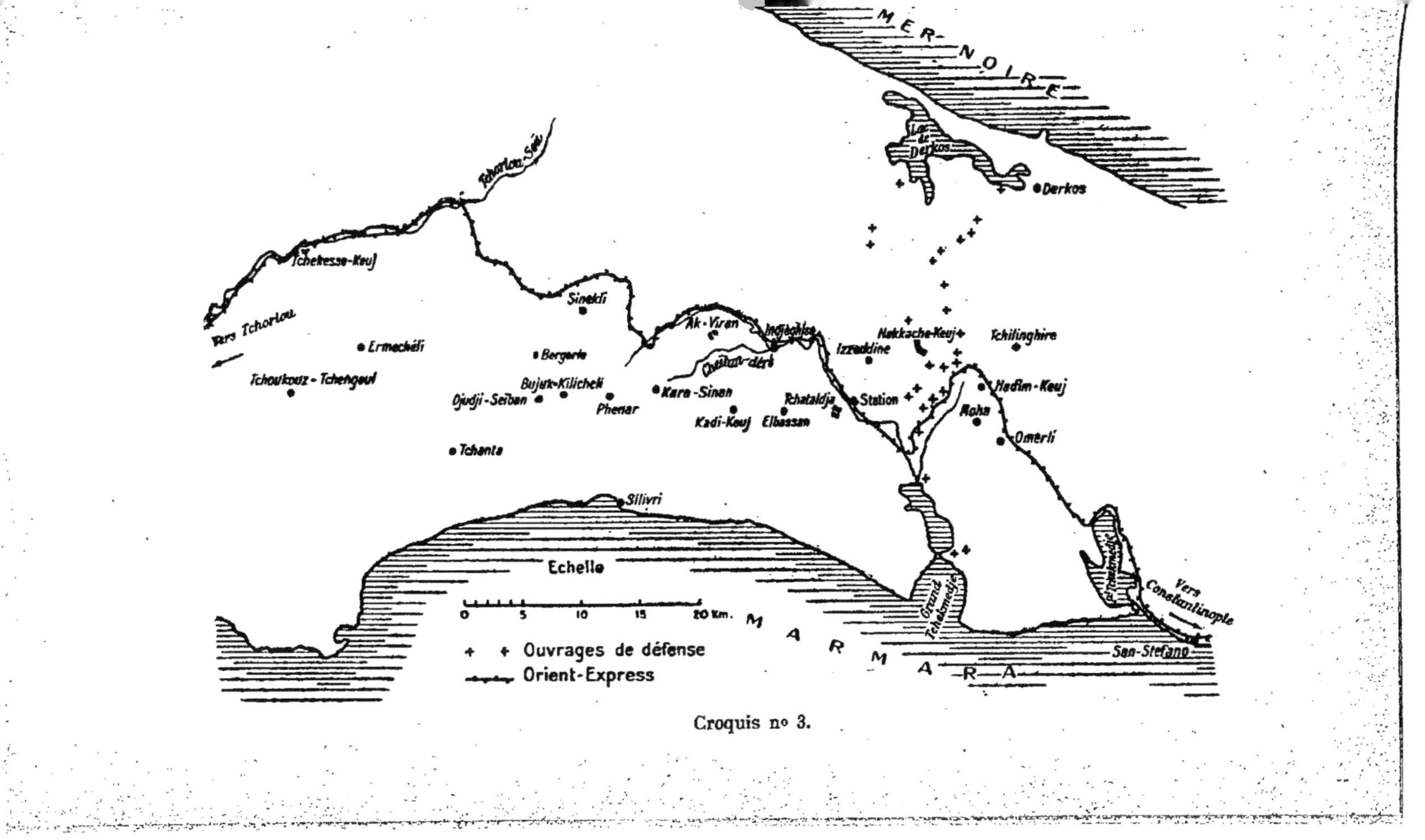

Croquis nº 3.

s'exécute très facilement ; l'infanterie se dérobe sur la route de Silivri ; quant à nous, nous nous dirigeons vers le nord-est pour aller cantonner à Erméchéli, point où nous nous trouvons à peu près à mi-chemin entre la chaussée de Silivri et la voie ferrée.

Erméchéli est un village d'exploitation agricole, niché au milieu de collines boisées, sur l'ancien domaine du prince Sabaheddine, neveu de S. M. le Sultan. Les habitants sont tous bulgares. Leurs visages, malgré une politesse visiblement forcée, trahissent leur joie de nous voir en retraite devant leurs frères de race.

En somme, l'engagement de Tchorlou s'est réduit à une simple affaire d'arrière-garde, qui n'a coûté de pertes importantes à aucun des partis ; nous nous en tirâmes presque complètement indemnes, grâce à l'absence d'artillerie chez l'ennemi.

C'est à Tchorlou que nous avons appris qu'Abdoullah pacha avait été remplacé dans le commandement de l'armée de l'Est par le ministre de la Guerre lui-même, Nazim pacha, qui cumulait ces fonctions avec celles de généralissime des forces ottomanes.

*
* *

8 novembre.

Le village d'Erméchéli renferme de l'orge en
abondance. Nous donnons une ration généreuse
à nos chevaux et pouvons, en outre, remplir nos
sacs de réserve. A 8 heures, nous nous remettons
en marche vers l'est ; l'ennemi semble avoir fait
une nouvelle halte à Tchorlou, car nous ne le
voyons nulle part.

Depuis le commencement de la campagne, je
remplissais les fonctions d'officier d'ordonnance
du colonel Hassan bey, qui m'envoyait fréquem-
ment comme agent de liaison au quartier général de la division ; j'étais ainsi presque toujours
éloigné de mon escadron. Ce service ne me plai-
sait que médiocrement, car il me séparait de
mes camarades et de mes hommes ; cette soli-
tude relative devenait particulièrement pénible
depuis que ma santé s'était altérée. J'éprouvais,
en effet, depuis quelques jours, de plus en plus
de difficulté à respirer, ce qui produisait, à la
longue, un énervement insupportable. En consé-
quence, je demandai au colonel, ce matin, avant
le départ d'Erméchéli, de me faire remplacer
auprès de lui et de rentrer définitivement à mon

escadron, ce qu'il m'accorda d'assez mauvaise grâce.

Notre étape d'aujourd'hui, qu'aucun incident n'a marquée, nous a amenés au village bulgare de Djudje-Seïben, où la population, bien différente de celle d'Erméchéli, nous a fait le meilleur accueil. Les troupes du 2ᵉ corps qui viennent de passer ici en se dirigeant sur Tchataldja ont observé vis-à-vis des habitants la plus exacte discipline; nous bénéficions de leur bonne conduite. On nous apporte du café, on fait la cuisine pour les hommes. Dans toutes les maisons, dont chacune héberge plusieurs soldats, on voit les fourneaux s'allumer et bientôt les marmites chantent gaiement sur la flamme. Je ne pourrai d'ailleurs participer au festin qui se prépare, car, pour la première journée de service dans le rang, je suis envoyé aux avant-postes.

Je dois commander un poste de dix hommes vers le nord à mi-chemin de Sinekli; Salih pacha en a lui-même désigné l'emplacement, près d'une bergerie. La situation ne paraît pas dangereuse vers l'ouest, car l'ennemi ne nous a pas suivis et n'a même pas cherché à garder le contact avec notre arrière-garde. Par contre, comme nous ne sommes pas en liaison avec les corps de notre armée qui se retirent plus au nord, je n'ai aucun renseignement sur ce qui se passe de ce côté. Mon premier soin, dès que j'ai procédé à une rapide reconnaissance des abords de mon poste, est d'envoyer deux hommes à la découverte, l'un vers Tcherkesse-Keuy au nord-ouest, l'autre, — un brigadier — vers Sinekli, au nord. Puis je fais manger les chevaux quatre par quatre à tour de rôle et envoie chercher la nourriture des hommes à l'escadron. L'homme envoyé vers Tcherkesse-Keuy revient me rendre compte qu'il n'a rien vu de suspect, mais le brigadier dirigé sur Sinekli ne paraît pas. La nuit tombe, une heure, deux heures se passent : toujours rien. Je m'avance jusqu'à la vedette pour observer la route de Sinekli et j'aperçois la petite ville toute illuminée de feux de bivouac. Cruelle perplexité ! Y a-t-il là-bas, à moins de une lieue de moi, une armée turque ou bulgare ? L'absence de mon brigadier, probablement capturé en s'approchant trop des campements, me porte à accepter la seconde hypothèse. Il faut rester sur le qui-vive ; je double les vedettes et veillerai la première moitié de la nuit, pendant que l'unique gradé qui me reste, — un excellent brigadier grec en qui j'ai toute confiance, — prendra du repos ; il me remplacera ensuite.

Dans la bergerie, je trouve trois paysans bulgares ; ces braves gens se mettent en quatre pour m'être agréable ; leur excellent raki et leurs bonnes histoires m'aident à chasser le sommeil que j'ai peine à combattre après notre longue journée de marche et les oppressions qui m'ont incommodé presque sans trêve. Rien ne vient troubler le repos de mes hommes et je puis moi-même jouir en paix des quelques heures de sommeil dont je dispose.

*
* *

9 novembre.

De mon observatoire d'avant-postes, je voyais très nettement le village de Djudjé-Seïben. Le général m'avait dit la veille, au moment où je partais pour établir mon poste, de rejoindre mon régiment lorsque la division se mettrait en marche. A 8 heures du matin je vois la colonne se former et s'ébranler vers l'est ; je fais aussitôt rentrer mes vedettes et je me rends auprès du général dans le village de Buyuk-Kilicheli, pour lui faire mon rapport verbal. Salih pacha me reçoit un peu froidement et me fait le reproche d'avoir dérangé tout le monde par une alerte sans raison. Je ne comprends pas ce que cela signifie.

— Pardon, mon Général, lui dis-je, de quelle alerte parlez-vous ?

— De ton histoire de projecteurs.

Je comprends de moins en moins.

— Mais de quels projecteurs ?

— Voyons, ce n'est pas toi qui nous as signalé hier, à minuit, que des faisceaux lumineux étaient dirigés sur notre camp ?

— Pas le moins du monde, mon Général ; j'en entends parler pour la première fois. J'ai vu, en effet, des faisceaux lumineux, mais ils venaient de la mer, par conséquent des unités de notre flotte.

Le général se tourne alors vers son état-major :

— D'où est venu ce rapport ? dit-il.

On cherche et on finit par découvrir que c'est par le commandant du poste nord-ouest, c'est-à-dire mon voisin de gauche, que le rapport a été expédié.

Salih pacha rit de bon cœur de m'avoir fait un reproche immérité et me dit :

— Pardon, Sélim, je me suis trompé.

Nous arrivons à Fhenar à 11ʰ3o. Nous voyons de là un spectacle admirable se dérouler devant nous. D'un côté la Marmara avec le petit port de Silivri, où deux de nos navires de guerre sont mouillés ; à l'est les ondulations mi-nues, mi-boisées, qui se prolongent au nord-ouest, tandis qu'au loin, vers le nord, nous découvrons, se détachant à l'horizon, les cimes découpées de la chaîne de Strandja.

Fhenar est un village grec de quelques centaines d'habitants. La culture du blé et le tabac constituent la principale ressource des habitants.

Nous sommes arrivés depuis une demi-heure, lorsqu'un officier d'ordonnance vient nous dire que le général fait demander tous les officiers auprès de lui. Il est là, à 200 mètres de nous, l'air triste et abattu ; nous allons nous former en cercle autour de lui.

— Camarades, nous dit-il, je viens de recevoir un ordre du commandant en chef qui m'appelle à son quartier général de Hadim-Keuy. Je dois remettre le commandement de ma chère division, qui ne compte plus qu'un régiment et demi, au commandant de la brigade légère qui est actuellement à Ak-Viran. Je ne puis vous exprimer mon chagrin en vous quittant ; — à ce moment il pleure à chaudes larmes. — Je vous remercie tous ainsi que la troupe d'avoir noblement et héroïquement accompli votre devoir. Le destin ne nous a pas donné la victoire, mais du moins nous pouvons porter la tête haute devant la nation. Adieu, mes enfants, et bonne chance !

Cinq minutes après je vois mon chef, que j'aime tant, s'éloigner au petit trot avec sa suite vers Tchataldja.

A 2 heures nous arrivons à Ak-Viran. Nous y rencontrons la brigade légère, massée en colonnes d'escadron, face à l'ouest, avec sa batterie en arrière.

Ak-Viran est un village assez important. Il est divisé en deux parties : le nord-ouest musulman, le sud-ouest bulgare. Chaque maison est entourée d'un verger ; les rues sont une suite de montées et de descentes à pic. L'ensemble forme un aspect pittoresque. Sur les points dominants, l'œil se perd dans les collines boisées, où les maisons, les minarets et le clocher de l'église se détachent sur les arbres. La culture du tabac et la vente des fruits donnent à la population une certaine prospérité.

A notre arrivée, les villageois musulmans se préparaient déjà à partir pour Constantinople et déménageaient leurs meubles.

La brigade légère est en assez bon état. Elle arrive de Seraï ; ses deux régiments, le 1ᵉʳ et le 2ᵉ légers, ont leurs escadrons presque au complet ; l'un dans l'autre, l'effectif de chaque escadron n'est pas inférieur à 70 chevaux. Je dois ajouter que la brigade n'a pas souffert de feux violents d'artillerie comme notre division ; sa mission fut relativement moins dure sur la droite que la nôtre à l'aile gauche.

Le commandant de la brigade, le colonel Ibrahim bey, était jadis mon chef de régiment ; c'est sous ses ordres que j'ai servi dès le premier jour de ma carrière d'officier. C'est un officier supérieur dont les qualités sont au-dessus de tout éloge ; il a fait ses études à l'École militaire de Constantinople, pour les compléter ensuite par un stage de trois ans dans un régiment de la Prusse Orientale. Très bon, très courtois avec ses officiers, un vrai camarade, mais en même temps très énergique et très sévère dans le service. J'ai conservé le meilleur souvenir de l'époque où j'ai servi sous ses ordres comme sous-lieutenant et j'ai toujours le plus profond respect pour ce chef de cavalerie, qui n'a pas beaucoup de pareils dans notre armée.

Le soir, vers 4 heures, la brigade se met en route pour aller passer la nuit à Indjeghiz. Le 1er lanciers reste à Ak-Viran, où il fera le service d'avant-postes vers l'ouest sur la route de Sinekli à Tchataldja.

Pendant toute la journée nous voyons venir de Sinekli des colonnes d'infanterie et des bagages de différents corps d'armée qui se dirigent sur Tchataldja.

Avant la tombée de la nuit nous allons abreuver nos chevaux à une fontaine à 1 kilomètre au nord du village. C'est là que nous apprenons par les passants que le choléra fait des ravages sur nos lignes de Tchataldja et à Constantinople. Après tous nos malheurs, il ne nous manquait qu'une épidémie, et maintenant c'est le comble. Nous rentrons dans le village, nous prenons nos cantonnements dans les quartiers musulmans après avoir placé nos vedettes.

A 7 heures arrive mon ami le capitaine d'état-major Kenan bey avec une escorte. Il vient du quartier général de Hadim-Keuy comme chef d'état-major de la brigade ; son prédécesseur prend les mêmes fonctions dans une division d'infanterie. Il me fait savoir que la brigade est chargée d'une nouvelle mission qui consiste à retarder au moins pendant trois jours la marche en avant de l'armée ennemie, afin de donner à la nôtre le temps de se retrancher solidement en position défensive sur la ligne de Hadim-Keuy.

Dans la soirée, Ibrahim bey a fait sauter le pont métallique de la voie ferrée, près de la station de Kabakdja. Nous passons la nuit sans aucun incident.

*
* *

10 novembre.

Nous allons rejoindre le gros de la brigade à Indjeghiz. Nous passons devant la station de Kabakdja où le grand stock de charbon appartenant à l'armée brûle; on y a mis le feu sur l'ordre d'Ibrahim bey. Peu après nous rencontrons des hordes de volontaires circassiens (Tcherkesses) qui se sont enrôlés pour servir dans la cavalerie. Ils ont été armés par l'État, mais leurs chevaux leur appartiennent. Sauf en ce qui concerne le pillage, je ne crois pas qu'on puisse attendre de grands exploits de ces bandes sans discipline.

A 10 heures nous rejoignons la brigade qui se trouve en formation de masse, en colonnes d'escadron, avec son artillerie en arrière et à droite en position de surveillance à 2 kilomètres au nord d'Indjeghiz. Ibrahim bey a expédié des reconnaissances et des escadrons de découverte sur la route de Belgrade et dans la direction de Sinekli.

Vers 1 heure nous entendons des détonations venant du sud. Quelques instants après, Ibrahim bey reçoit des rapports de ses reconnaissances venant du sud-ouest; ils rendent compte que ce sont nos croiseurs de Silivri qui tirent sur les têtes de colonnes bulgares qui débouchent vers Fhenar.

Du côté de Sinekli nous ne voyons encore rien; notre batterie domine et commande la route parallèle à la voie ferrée.

Ibrahim bey renvoie d'abord en arrière les volontaires, dont il juge la présence bien inutile ici, et il prescrit en même temps aux régiments provenant de la division, d'aller se reposer au village d'Izzeddine. « Ne vous faites pas de mauvais sang, ajoute-t-il; l'ennemi est signalé trop loin, il n'y aura certainement aucun engagement de la journée. »

Izzeddine est un village d'émigrés tartares venus de la Dobroudja dans la plaine de Tchataldja, au nord de la station et à mi-chemin de Nakkache-Keuy et de Tchataldja.

Je ne sais pourquoi on a donné le nom de la ligne de Tchataldja à notre position défensive qui va de Buyuk-Tchekmedjé au lac de Terkos, en passant par Hadim-Keuy. Tchataldja est le chef-lieu du sandjak (arrondissement) de ce nom et ne fait partie d'aucun vilayet (département).

Je crois que c'est son importance administrative qui a fait baptiser d'après lui les lignes de défense qui se trouvent à une dizaine de kilomètres de la ville même. A mon avis, on aurait mieux fait de donner le nom de lignes de Hadim-Keuy à nos ouvrages défensifs qui barrent l'accès de Constantinople.

*
* *

11 novembre.

La brigade reste à Indjeghiz ; nous allons la rejoindre à 9 heures. Ibrahim bey nous charge de nous porter sur la route d'Ak-Viran à El-Bassan et de surveiller le secteur Ak-Viran — Kadi-Keuy — El-Bassan.

A 11^{h}30, en exécution d'un ordre qu'il a reçu, mon capitaine m'envoie en reconnaissance avec six cavaliers sur Ak-Viran. Je vais jusqu'au village ; je ne vois rien. Le cavalier que j'avais envoyé en surveillance sur ma gauche à cause de la configuration du terrain vient me signaler à 2^{h}30 une colonne importante sur la route de Kara-Sinan. Je me dirige au sud par la vallée du Chéitàn-Déré, et je vois en effet une longue colonne d'infanterie marcher sur Kadi-Keuy. J'envoie le renseignement à mon chef et je conserve le contact. La colonne avance toujours. A 4ʰ3o, j'entends une fusillade du côté de Kadi-Keuy ; c'est un escadron de la brigade légère qui a ouvert le feu. Un de mes cavaliers vient me porter l'ordre de rallier le régiment ; quand je l'ai rejoint, l'ennemi est déjà à portée, nous présentant son flanc gauche. Notre mitrailleuse ouvre le feu et les Bulgares s'arrêtent immédiatement pour se mettre à l'abri. La nuit tombe et nous nous retirons sur Izzeddine après avoir laissé un escadron à Tchataldja ; la brigade légère vient nous rejoindre dans le village.

Dans la nuit du 10 au 11 novembre je commande le service d'avant-postes, j'ai à surveiller les secteurs nord et nord-ouest, où je place mes vedettes sur les points que je juge le plus convenables, à 5oo mètres du village.

*
* *

12 novembre.

D'après l'ordre d'Ibrahim bey chaque régiment de la division est fondu en un seul escadron. A 7 heures nous sommes massés en colonne d'escadron à l'ouest du village. Le capitaine Mouhlisse bey a pris le commandement de l'escadron du 1er lanciers.

L'ennemi met bien du temps à se rapprocher. C'est le troisième jour de notre service de couverture et nous ne voyons pas encore les Bulgares entrer sérieusement en action. L'état des routes contribue probablement pour beaucoup à cette lenteur. Nous surveillons le secteur Tchataldja—Kabakdja ; et ce n'est que vers le soir que nos reconnaissances nous signalent les têtes de colonnes ennemies sur Indjeghiz. Mon escadron est chargé de surveiller la chaussée de Tchataldja à Indjeghiz.

Nous rentrons tard dans la soirée à Izzeddine sans avoir aperçu l'ennemi. Notre mission est de couvrir la route de Nakkache-Keuy. A 6 heures nous entendons une fusillade nourrie du côté de la station. Après une demi-heure, la fusillade redouble d'intensité. Mouhlisse bey ne tient plus en place, il fait sonner le boute-selle et nous voilà partis au galop dans la direction du combat.

Nous apprenons en route que c'est l'escadron formé par le 3e régiment qui a été attaqué par deux compagnies ennemies; cet escadron devait défendre la gare. Embarrassé par ses chevaux et se trouvant devant des forces supérieures, il est contraint de se retirer ; nous arrivons juste à temps, précédés par un escadron de la brigade légère qui arrive aussi au galop de Nakkache-Keuy ; nous mettons pied à terre et nous participons au combat à pied. Il fait nuit ; les chevaux se trouvent un moment dans une situation dangereuse ; nous les faisons rétrograder sous une pluie de projectiles. Quelques-unes de nos montures sont blessées. Le combat continue et nous nous portons par bonds successifs sur la station. Nous voulons tenter un assaut ; nous brûlons d'envie de faire voir aux fantassins que nous savons tout aussi bien qu'eux nous battre à pied ; mais l'ennemi a reçu des renforts et nous oblige à la retraite.

Mon escadron passe la nuit à Izzeddine. Nous restons sur le qui-vive. Je suis logé dans la même maison que Mouhlisse bey, son ordonnance nous prépare une bonne soupe au poulet. Le charbon de bois est en abondance, nous sommes bien chauffés, mais, malgré le demi-confort, je souffre atrocement de l'asthme et de la fièvre. Je tiens ici à remercier particulièrement mon camarade Mouhlisse bey qui veilla toute la nuit à mon chevet, et me fit des massages pour soulager mes douleurs.

*
* *

13 novembre.

Tchataldja est occupé par l'ennemi. On nous avait demandé seulement trois jours de service de couverture, nous en faisons un quatrième : un jour de *rabiot,* comme dit le troupier français. Les Bulgares ne dépassent pas Indjeghiz, où ils se retranchent provisoirement. Nous surveillons encore la plaine toute la journée sans incident. Le soir nous nous replions sur Nakkache-Keuy, où nous passons la nuit.

Je rencontre à Nakkache-Keuy la 1re section de mitrailleuses. Les officiers m'invitent dans leur demeure et le capitaine Mourad bey me cède le meilleur lit de la maison, ainsi que mes camarades les meilleures portions du repas.

Le combat de la gare de Tchataldja est la dernière affaire à laquelle j'ai pris part. Par une coïncidence bizarre, c'est mon unité qui avait tiré le premier coup de fusil au commencement de la campagne et c'est encore elle qui tire le dernier avant que notre armée se retire définitivement derrière les ouvrages dont elle ne devait plus sortir.

*
* *

14 novembre.

A 8 heures du matin, nous nous mettons en route sur Omerli, qui est le quartier général de la cavalerie. Après quelques minutes de marche vers le sud-est, nous entrons en plein dans les lignes de défense. Partout nos fantassins sont occupés à creuser des tranchées. Une partie de nos batteries sont déjà en position. Nous constatons une grande activité parmi les troupes. L'armée a pris confiance en elle-même. Les soldats nous paraissent très gais, ils chantent pendant les travaux de terrassement. Après les revers auxquels j'avais assisté, cette préparation de la revanche me donne une grande joie. Je crois maintenant que l'ennemi n'aura pas si facilement raison de nous. Notre infériorité numérique se trouvera compensée par la position avantageuse du terrain, et, pendant ce temps, nos réserves arriveront d'Asie... Qui sait si, dans une quinzaine de jours, la situation ne se modifiera pas complètement en notre faveur ?

Cette activité que je vois autour de moi me rend gai malgré ma souffrance. Mais, hélas ! ma gaieté ne dure pas longtemps.

Arrivés à la hauteur des ouvrages d'artillerie, nous passons devant le front des bivouacs de nos troupes, installés en arrière des forts.

Immédiatement, changement de décor. Dieu! quel spectacle d'horreurs s'offre à nos yeux! C'est donc vrai que le choléra règne en maître. Je vois là, tout près de la route, une dizaine d'hommes couchés sur le dos, presque nus, râlant dans des convulsions affreuses. Leur teint est d'une couleur indéfinissable... Ils gémissent.

Nous avançons; voilà un autre qui tombe raide devant nous. Son fusil roule à quelques pas en avant et fait cabrer le cheval d'un trompette. L'homme souffre atrocement, gratte la terre avec ses doigts, vomit et prononce des mots incompréhensibles.

Nous continuons toujours à marcher vers le sud; après avoir traversé la voie ferrée et un petit cours d'eau, nous entrons dans le village de Moha où est installé un hôpital de campagne. Un bâtiment occupant le coin ouest du petit cimetière du village est transformé en lazaret. Des dizaines d'hommes sont couchés pêle-mêle à travers les tombes, auxquels deux ambulanciers donnent je ne sais quelle drogue à boire. J'ai vu dans le cours de ma carrière d'officier bien des choses effrayantes, mais rien ne peut égaler en horreur ce que je vois en ce moment.

Des ambulanciers ne suffisent pas à transporter les cholériques dans cet hôpital improvisé, où tout service prophylactique fait défaut. Dans la cour, dans la rue, tout autour du lazaret, morts, moribonds, malades, blessés, sont entassés pêle-mêle. Les uns crient, les autres gémissent, et ceux qui ne sont plus, couchés dans différentes positions, regardent le ciel avec les yeux démesurément ouverts.

A la sortie est du village, dans un champ attenant au cimetière, des hommes sont occupés à creuser des tombes à côté de celles fraîchement fermées, et en alignement parallèle par centaines.

Nous sommes maintenant sur la chaussée qui aboutit à Omerli. A chaque pas nous rencontrons un cadavre, ou un moribond accroupi sur la route, attendant son sort dans des convulsions affreuses.

Nous sommes dans un véritable enfer où la mort fauche sans pitié des centaines de vies humaines.

Je suis incapable de décrire ce que je vois.

A 11ʰ30 nous sommes à Omerli. Tous les

chefs de régiments de la division, ainsi que les officiers qui ne font pas partie des escadrons, sont réunis ici depuis avant-hier.

On dresse des tentes pour la troupe. Jusqu'à présent, nous n'avons aucun cas de choléra à signaler dans nos unités. Ibrahim bey fait tout son possible pour isoler la cavalerie. Les médecins-majors de la brigade et de la division font montre d'un grand dévouement, en prescrivant des mesures pour éviter autant que possible la contagion de l'épidémie. Dès lors, commandants, officiers, troupes, nous ne devons manger que du riz bouilli avec de la viande de mouton. L'usage de l'eau est interdit. Les puits et les fontaines sont gardés par des factionnaires.

Aussitôt à Omerli, je vais auprès de mon capitaine. Tevfik bey, sachant déjà mon état de santé, a fait installer mon lit de camp sous sa tente. Il me fait préparer du thé et me fait coucher. Vers le soir il m'emmène lui-même chez le médecin-major de la brigade et me fait examiner par lui. Celui-ci, constatant la grande difficulté que j'éprouve à respirer, est d'avis que, pour éviter l'asthme, une opération doit être faite immédiatement. Il me donne un certificat et me prescrit d'aller trouver le général médecin

principal du 1ᵉʳ corps d'armée à Hadim-Keuy.
Étant très fatigué, je lui demande la permission
de passer une journée de repos auprès de mon
capitaine. La permission m'est accordée, mais
je suis sérieusement ennuyé d'avoir encore une
opération à subir.

La journée à Omerli passe assez agréable-
ment. Nous sommes là tous les officiers de
cavalerie réunis. J'entends les détails sur les
ravages causés par le choléra. L'épidémie s'est
étendue jusqu'à Constantinople. Toutes les stations du chemin de fer sont transformées en
lazarets. Ce sont des troupes venant d'Asie qui
ont amené, paraît-il, le choléra.

A quelque distance de nous il y a des bivouacs d'infanterie. Toute communication autour nous est formellement interdite. Nous
voyons, de l'endroit où nous sommes, des brancardiers courir à droite et à gauche, et se diriger
invariablement vers des tentes installées à l'écart
où flotte le pavillon jaune.

Vers le soir je rencontre au quartier général
M. Rémond. Le célèbre et sympathique correspondant de *L'Illustration* m'invite à prendre un
verre de rhum chez lui; j'accepte de bon cœur.

La brigade va passer la nuit à Omerli pour
aller s'installer le lendemain à Tchilinghire.

Dès hier soir la mission de la cavalerie est terminée ; maintenant c'est la guerre de position qui commence ; la cavalerie ne peut dès lors intervenir que si, par malheur, l'ennemi arrive à effectuer une brèche sur un point quelconque de la ligne de défense.

J'ai entendu pas mal de critiques sur les services rendus par la division d'abord, par la brigade ensuite, dans le cours de la guerre. Je n'ai rien à ajouter sur le rôle que nous avons joué. Avons-nous commis des fautes ? Peut-être ! Avons-nous su accomplir notre mission ? Je le crois. Pouvions-nous faire davantage ? Je n'en sais rien, je relate les faits, je m'abstiens de toute critique, pour ou contre. Je laisse ce soin à l'opinion publique, mais je ne puis m'empêcher d'ajouter cependant que si l'armée turque a pu se tenir à la ligne de Tchataldja, c'est grâce à sa cavalerie qui lui a procuré le temps matériel nécessaire pour s'organiser après la retraite.

*
* *

15 novembre.

Muni du rapport du médecin-major, je me rends de bon matin à Hadim-Keuy, avec un jeune sous-lieutenant de la brigade légère qui se trouve dans mon cas. Hadim-Keuy est à l'intérieur du cordon sanitaire, que personne ne peut franchir. Je rencontre près d'un cantonnement d'artillerie M. Paul Ério, du *Journal,* parlementant avec les officiers. Il désire, me dit-on, aller au quartier général, mais l'ordre est formel de ne laisser passer qui que ce soit. Je crois que l'on fait une exception en sa faveur. Quant à nous, notre qualité d'officiers de cavalerie nous donne un certain privilège, car, la plupart des officiers d'ordonnance appartenant à cette arme, on nous prend pour tels et les sentinelles ne nous font aucune observation.

Je me présente devant le médecin en chef du Ier corps d'armée. Il me connaît depuis longtemps et prend grand intérêt à ma personne ; après m'avoir examiné minutieusement, il rédige lui-même une feuille d'évacuation et me donne en même temps une recommandation particulière pour le service sanitaire de Constantinople, afin que l'opération se fasse au plus vite. Je me prépare à me mettre en route lorsque, à la hauteur de la station, je vois des cadavres entassés les uns sur les autres, comme des traverses de rails de chemin de fer. Je rencontre par là un sous-officier du service sanitaire et lui demande pourquoi on n'enterre pas ces morts. Il me répond qu'il attend le retour des chariots partis déjà avec un premier convoi vers le cimetière. Pendant que je cause, je vois des membres qui s'agitent dans ce charnier humain. Je donne l'ordre au sous-officier de retirer immédiatement les hommes qui sont vivants,

— Inutile, mon Lieutenant, me dit-il, ils vont mourir dans un instant.

Malgré la révolte de tout mon être, que répondre à tant de cynisme, et que faire pour soulager tant de souffrances ? Dans quelques heures, peut-être, leur sort sera le mien ; car, en somme, qui sait si je ne suis pas contaminé moi-même ?

Je le rappelle à un peu plus d'humanité envers ses semblables, mais ni mes menaces, ni mes conseils n'arrivent à convaincre cet homme doublement endurci par la fatalité de l'habitude.

Je saute en selle et prends la route de Constantinople. Autour de moi, tout est triste et désolé. A chaque pas je rencontre un cadavre ou un mourant. Cette belle contrée, dans laquelle j'ai souvent chassé, n'a plus son aspect souriant. Voilà San-Stéphano, cette agréable station estivale, transformée en un lugubre lazaret. Voilà la plaine de Makri-Keuy, voilà le champ de courses devenu un immense camp d'émigrés, logés à la belle étoile, et livrés aux caprices des intempéries. Dieu, que tout cela est écœurant !

Je rentre enfin à Constantinople, je traverse Stamboul morne et silencieux où, à travers chaque fenêtre, se devine une mère pleurant son fils, ou une veuve pleurant son époux. Je traverse le pont et me voilà à Péra, au quartier soidisant européen, qui n'est en somme ni turc ni occidental. Là, rien n'est changé, la vie est aussi intense qu'avant la guerre et les ignobles music-halls, lieux de prédilection du high-life levantin, étalent leurs grotesques affiches, en soulignant les débuts de je ne sais quelle vague étoile parisienne.

Pendant que le corps diplomatique et les représentants des grandes sociétés financières cessaient leurs réceptions et leurs invitations par égard à notre pays accablé de douleur, les Pérotes, dépourvus de conscience ainsi que de nationalité, doublaient leurs divertissements dans les lieux immondes où un homme de culture intellectuelle se garderait bien de mettre le pied.

Je rentre enfin chez moi à 8 heures du soir, à l'extrémité nord de la ville à Chicheli, après avoir parcouru d'une traite tout le trajet de Hadim-Keuy à Constantinople.

*
* *

Pendant l'armistice du mois de décembre 1912, je suis allé un jour visiter Mahmoud Chewket dans sa maison à Scutari. L'amitié que le maréchal me témoignait (car son père était le chef de cabinet de mon grand-père, le maréchal Abduk Kerim pacha) me donnait droit à une certaine liberté auprès de lui. Le but de ma visite consistait à obtenir de l'ex-ministre de la Guerre certains éclaircissements sur notre fameuse organisation qui nous fut si funeste. A qui pouvais-je m'adresser, sinon à celui qui a présidé pendant trois ans aux destinées de la Turquie ?

Son Excellence m'a reçu dans son cabinet de travail. Elle était assise devant une table sur laquelle était étalée une carte de l'État-major général. Elle me fit signe de m'asseoir auprès d'elle et me dit qu'elle était heureuse de me voir bien portant, car elle me croyait mort. (Après la bataille de Lulé-Bourgas le bruit avait couru à Constantinople que mon camarade, le lieutenant Djémie bey, et moi étions morts.) La conversation roula naturellement sur les événements. C'est d'ailleurs dans ce but que je suis allé voir le général, maréchal depuis le 23 janvier 1913.

Son Excellence me questionna longuement, tant sur les divers combats auxquels j'avais pris part que sur tout ce que j'avais vu et appris pendant la retraite. De temps en temps elle prenait des notes au crayon.

Lorsque je terminai elle se leva et, les mains derrière le dos, elle arpenta la pièce de long en large.

— Tout cela est bien triste, me dit-elle, et si j'avais été là, cela ne serait pas arrivé.

— Votre Excellence me permettra-t-elle de lui poser une question ?... Que comptiez-vous faire pendant votre ministère en envisageant l'éventualité d'une guerre avec nos voisins ?

— J'avais étudié le problème bien avant que je ne fusse ministre de la Guerre, mais je ne l'ai résolu que pendant que j'occupais ce poste et en collaboration avec von der Goltz. Nous sommes allés ensemble visiter toute la partie de la Thrace qui, par sa position, était destinée à devenir le théâtre de la guerre, et nous nous sommes arrêtés à fixer comme zone de concentration de notre armée la rive gauche de l'Erghéné, du côté du Tchorlou, et là, une fois la supériorité numérique obtenue, on pouvait prendre l'offensive.

C'était toujours le fameux plan de Goltz qui revenait ; c'est extraordinaire l'ascendant que ce vieux maréchal allemand exerçait sur notre État-major.

— Mais, Excellence, étions-nous bien prêts pour la guerre.

— Naturellement, oui, j'étais arrivé l'année dernière à donner à la Turquie une artillerie égale à celle des quatre puissances alliées réunies. Chaque pièce turque était pourvue de 750 projectiles de différentes catégories. J'ai acheté 850.000 mauser, avec 850 cartouches pour chaque fusil ; j'ai muni l'armée de mitrailleuses, en un mot j'ai armé le pays, j'ai habillé ses soldats, j'ai monté sa cavalerie, que pouvais-je faire de mieux ?

— Mais, Excellence, c'est l'intendance qui nous a tués, rien n'est arrivé à son heure et à sa destination ; moi-même je suis resté quatre jours sans manger, j'ai failli mourir de faim.

— Oui, c'est une des causes de notre défaite, celui qui était responsable aurait dû le prévoir.

Prévoir, oui, il fallait prévoir, la réponse était très-juste, mais lui-même n'avait pas prévu le service de l'arrière pendant les trois ans de son ministère. Son collaborateur Goltz non plus n'a pas prévu ce qu'il fallait prévoir ; et puis ce n'est pas seulement le ravitaillement qu'il fallait prévoir, il y avait encore autre chose de plus essentiel.

Et cette chose était : trouver un mode d'organisation, des règlements d'instruction, une méthode de progression technique compatible avec les traditions de l'armée turque et conforme aux aptitudes de la race ottomane, limitée bien entendu selon les ressources du pays. Alors seulement nous aurions pu avoir une armée solide et en état de défendre notre politique. Nous n'avons pas agi ainsi, et nous avons eu la mégalomanie : au lieu de nous contenter pour le moment d'une belle armée de 5oo.ooo hommes bien instruits, bien commandés, nous avons voulu d'emblée avoir le « million » des grands États. Nous avons fait venir des instructeurs allemands, nous avons traduit des règlements prussiens, nous avons passé des revues comme à Berlin et à Spandau : tout cela, naturellement, n'était pas « inné » chez nous, c'était « singer », sans comprendre les raisons ; et lorsqu'il a fallu faire marcher cette armée vers son but réel, vers la guerre, tout a craqué, par suite du manque d'une base solide dans son organisation.

VOILA POURQUOI NOUS SOMMES VAINCUS !

Mais comment raconter tout cela à Mahmoud Chewket ? Aussi ai-je préféré me taire et m'en aller.

Lorsque, quelques instants après, je regagnais la côte d'Europe, mon caïque passa tout près du dreadnought allemand le *Gœben*, ancré dans le Bosphore ; à la vue de ce géant, frôlant de son pavillon nos côtes d'Asie, notre dernier refuge peut-être, des larmes me coulèrent des yeux.....

TABLE DES MATIÈRES

TABLE DES CROQUIS

NANCY-PARIS, IMPRIMERIE BERGER-LEVRAULT

LIBRAIRIE MILITAIRE BERGER-LEVRAULT

Pour l'Armée, par le général CHERFILS. 1913. Un volume in-12 de 420 pages, broché . . . . **3 fr. 50**

L'Armée toujours prête, par Joseph REINACH, député. 1913. Un volume in-12 de 467 pages, broché. . . . . **3 fr. 50**

Nos Frontières de l'Est et du Nord. *Le service de deux ans et sa répercussion sur leur défense,* par le général C. MAITROT. Nouvelle édition, revue, mise à jour et augmentée, avec une Préface du général KESSLER. 1913. Un volume grand in-8, avec 9 cartes et 8 croquis, broché . . . . **3 fr. 50**

Une Réponse française au Programme militaire allemand, par le capitaine LE FRANÇAIS. 1912. Un volume in-8 de 169 pages, broché. **2 fr. 50**

La Prochaine Guerre, par Charles MALO. Avec une Préface par Henri WELSCHINGER, de l'Institut. 1912. Un volume grand in-8 . . . . **2 fr.**

Les Armements allemands. La Riposte, par le capitaine Pierre FÉLIX. 1912. Un volume in-8 de 137 pages, broché. . . . . **1 fr.**

Force au Droit (*Question d'Alsace-Lorraine*), par H. MARINGER. 1913. Un volume in-12, avec 2 cartes dressées par le lieutenant LAPOINTE, br. . **3 fr. 50**

La Légion étrangère et le Droit international, par Charles POIMIRO, docteur en droit. 1913. Un volume grand in-8, broché. . . . . **5 fr.**

Essais sur la Guerre russo-japonaise, par le capitaine DE SALIGNY, de l'infanterie coloniale. 1913. Un volume grand in-8 de 484 pages, avec 5 croquis hors texte, broché. . . . . **10 fr.**

Journal de route d'un Officier d'état-major pendant la Guerre russo-japonaise, par le lieutenant-colonel Sir Ian HAMILTON. Traduit de l'anglais par le lieutenant VERDET, du 66e régiment d'infanterie. Préface de M. le général LANGLOIS, ancien membre du Conseil supérieur de la guerre. 1909. Deux volumes in-8, 700 pages avec, hors texte, 32 photographies, 15 cartes et 27 vues panoramiques, brochés . . . . **20 fr.**

La Défense de Port-Arthur, par les colonels A. VON SCHWARZ et G. ROMANOVSKI. Traduit par J. LEPOIVRE, chef d'escadron d'artillerie :

— *Première partie.* 1912. Un volume grand in-8 de 459 pages, avec 73 figures dans le texte et 11 planches hors texte, en noir et en couleurs, broché. **12 fr.**

— *Deuxième partie.* 1913. Un volume grand in-8 de 651 pages, avec 81 figures dans le texte, 2 planches hors texte et un grand panorama (longueur 2m35), broché. . . . . **13 fr. 50**

— Le *Panorama*, séparément. . . . . **1 fr. 50**

Préceptes et Jugements de Napoléon, recueillis par le lieutenant-colonel Ernest PICARD. 1912. Un volume grand in-8 de xx-590 pages, broché. **10 fr.**

Napoléon en Campagne, par le lieutenant-colonel VACHÉE. 1913. Un volume grand in-8 de 222 pages, avec 3 cartes hors texte, broché. . . . . . . **4 fr.**

Vaincre. *Esquisse d'une doctrine de la Guerre, basée sur la connaissance de l'Homme et de la Morale,* par le colonel MONTAIGNE :

— Tome I. *Préparation à l'étude de la Guerre* (L'homme, les foules et les races. — L'homme et la peur). 1913. Un volume grand in-8 de 268 pages, broché . . . . **6 fr.**

— Tome II. *Étude de la Guerre* (I. Les faits. — II. Les doctrines). 1913. Un volume grand in-8 de 268 pages, broché. . . . . **6 fr.**

— Tome III. *La Guerre* (I. La guerre dans sa forme. L'idée d'anéantissement. — II. La guerre dans son essence. La pensée de sacrifice). 1913. Un volume grand in-8 de 200 pages, broché. . . . . **4 fr.**

Le Problème méditerranéen. *Les points de vue anglais, allemand, italien, austro-hongrois, russe, français. Conclusion,* par Charles VELLAY, docteur ès lettres, rédacteur à la *Dépêche*. 1913. Un volume in-8, broché . . . **1 fr. 25**

LIBRAIRIE MILITAIRE BERGER-LEVRAULT

PARIS, 5-7, rue des Beaux-Arts — rue des Glacis, 18, NANCY

Sur le Théâtre de la Guerre des Balkans. *Mon Journal de Route (17 novembre 1912-15 décembre 1912),* par le général HERR, de l'artillerie française. 1913. Un vol. in-8, avec 9 illustrations et 1 carte hors texte, br. **2 fr. 50**

La Guerre des Balkans. *Quelques enseignements sur l'emploi de l'artillerie,* par le général HERR. 1913. In-8, avec 2 planches hors texte, broché. . **1 fr.**

Avec les Vaincus. *La Campagne de Thrace (octobre 1912-mai 1913),* par Georges RÉMOND, correspondant de guerre de l'*Illustration.* 1913. Un volume in-12, avec 2 cartes hors texte, broché . . . . **3 fr. 50**

Mon Commandement au cours de la Campagne des Balkans de 1912, par MAHMOUD MOUKHTAR PACHA, ancien commandant de la deuxième armée de l'Est, actuellement ambassadeur de Turquie à Berlin. Traduction française par le commandant MINART, de l'Édition allemande, publiée par IMHOFF PACHA, général de division au cadre de réserve de l'armée ottomane. 1913. Un volume in-8, broché . . . . **3 fr.**

Vers la Victoire avec les Armées Bulgares, par le lieutenant H. WAGNER, de l'armée austro-hongroise, correspondant de guerre de la *Reichspost.* Préface de M. GESCHOFF, président du Conseil des ministres de Bulgarie. Traduit de l'allemand par le commandant MINART. 1913. Un volume in-8, avec 24 gravures et 4 cartes hors texte, broché . . . . **5 fr.**

Au Feu avec les Turcs. *Journal d'opérations. (Campagne de Thrace, 12 octobre-14 novembre 1912),* par G. VON HOCHWAECHTER, major dans l'armée ottomane, attaché à l'état-major de Mahmoud-Moukhtar Pacha. Traduit de l'allemand par le commandant MINART. 1913. Un volume in-8, avec 4 cartes hors texte, broché . . . . **3 fr.**

Histoire de la Guerre italo-turque, 1911-1912, par UN TÉMOIN. Un volume in-8, broché . . . . **2 fr. 50**

La Guerre contemporaine dans les Balkans et la question d'Orient (1885-1897), par G. BECKER, lieutenant au 16e bataillon de chasseurs. 1899. Un volume in-8, avec 13 cartes in-folio en couleurs, broché . . . . . **10 fr.**

La Guerre serbo-bulgare de 1885. *Combats de Slivnica (17, 18 et 19 novembre),* par le colonel REGENSPURSKY, de l'armée austro-hongroise. Traduit de l'allemand par le lieutenant BARTH, du 54e régiment d'infanterie. 1897. Un volume in-8 de 236 pages, avec 2 cartes et 3 tableaux, broché . . . . **5 fr.**

Le Royaume de Monténégro, par M. C. VERLOOP, membre correspondant de la Société de géographie de Lisbonne. 1911. Un volume grand in-8 de 107 pages, avec une carte, broché . . . . **3 fr.**

La Serbie économique et commerciale, par René MILLET, ancien ministre de France en Serbie. Avec le concours du marquis H. DE TOUCY. 1889. Un volume in-8, avec 2 cartes, broché . . . . **5 fr.**

De Thessalie en Crète. *Impressions de campagne (avril-mai 1897),* par Pierre MILLE, rédacteur au *Journal des Débats.* 1898. Un volume in-12, avec 16 gravures hors texte, broché . . . . **3 fr. 50**

Les Horreurs de l'Invasion 1870-1871 (Publication de la 11e division d'infanterie). 1913. Un volume in-8 étroit, broché . . . . **90 c.**

La Jeune-Turquie et la Révolution, par A. SARROU, capitaine d'infanterie hors cadre, commandant dans la gendarmerie ottomane. 1912. Un volume in-12, avec 2 cartes, broché . . . . **3 fr. 50**

L'Anabase de Xénophon ou la Retraite des Dix-Mille, *avec un Commentaire historique et militaire,* par le colonel Arthur BOUCHER. 1913. Un volume in-4 de 406 pages, avec 48 cartes, plans et croquis, broché . **25 fr.**

Préparons-nous à la Victoire, par Luigi NAZI, major de bersagliers. Traduit de l'italien par le commandant PAINVIN, chef de bataillon d'infanterie. 1912. Un volume in-12 de 93 pages, broché . . . . **1 fr. 50**

NANCY-PARIS, IMPRIMERIE BERGER-LEVRAULT